As 4 principais lideranças da sociedade e suas competências

Dados Internacionais de Catalogação na Publicação (CIP)
(Câmara Brasileira do Livro, SP, Brasil)

Resende, Enio
  As 4 principais lideranças da sociedade e suas competências / Enio Resende. – São Paulo: Summus, 2008.

  ISBN 978-85-323-0420-9

  1. Competências 2. Educadores 3. Gerentes 4. Liderança 5. Liderança comunitária 6. Pais 7. Sociologia I. Título.

07-10181   CDD-303.34

Índice para catálogo sistemático:

1. Lideranças da sociedade: sociologia   303.34

Compre em lugar de fotocopiar.
Cada real que você dá por um livro recompensa seus autores
e os convida a produzir mais sobre o tema;
incentiva seus editores a encomendar, traduzir e publicar
outras obras sobre o assunto;
e paga aos livreiros por estocar e levar até você livros
para sua informação e seu entretenimento.
Cada real que você dá pela fotocópia não autorizada de um livro
financia um crime
e ajuda a matar a produção intelectual de seu país.

ENIO RESENDE

As 4 principais lideranças da sociedade e suas competências

Um livro voltado para
pais • educadores • gerentes • líderes comunitários

summus
editorial

AS 4 PRINCIPAIS LIDERANÇAS
DA SOCIEDADE E SUAS COMPETÊNCIAS
Copyright © 2008 by Enio Resende
Direitos desta edição reservados por Summus Editorial

Editora executiva: **Soraia Bini Cury**
Assistentes editoriais: **Bibiana Leme e Martha Lopes**
Capa: **Sylvia Mielnik e Nelson Mielnik**
Projeto gráfico e diagramação: **Acqua Estúdio Gráfico**
Impressão: **Sumago Gráfica Editorial Ltda.**

Summus Editorial
Departamento editorial:
Rua Itapicuru, 613 – 7º andar
05006-000 – São Paulo – SP
Fone: (11) 3872-3322
Fax: (11) 3872-7476
http://www.summus.com.br
e-mail: summus@summus.com.br

Atendimento ao consumidor:
Summus Editorial
Fone: (11) 3865-9890

Vendas por atacado:
Fone: (11) 3873-8638
Fax: (11) 3873-7085
e-mail: vendas@summus.com.br

Impresso no Brasil

Agradecimentos

Agradeço de coração à estudiosa Patrícia Helena Soares Fonseca de Resende pela importante ajuda em pesquisa de informações, que permitiu a inclusão de um dos mais importantes capítulos deste livro.

Sumário

Introdução 9

1 Os quatro heróis modernos 15

2 Liderança, uma das dez questões mais
importantes para a sociedade 21

3 Não é verdade que líder nasce feito 27

4 Existe diferença entre liderança e gerência? 30

5 As 4 principais lideranças da sociedade 39

6 Outros tipos de liderança social 80

7 Liderança compartilhada e liderança situacional 86

8 Todos podem ser líderes polivalentes 93

9 As inconveniências do paternalismo 98

10 As características da personalidade humana 103

11 Simpatia ou empatia, o que é mais importante? 110

12 Em qual geração você se enquadra? 115

13 A evolução: do capataz ao líder 125

Mensagem final 129

Bibliografia 133

Introdução

Uma grande síntese de muitas teorias sobre LIDERANÇA

I

- Não é verdade que líder nasce feito. Trata-se de uma idéia já ultrapassada.

- A maioria das pessoas pode/deve atuar como líder em várias situações da vida.

- A prática fundamental da liderança pode ser simples; não depende de teorias complicadas.

- As lideranças mais importantes da sociedade são os PAIS, os EDUCADORES diversos, os GERENTES de todos os níveis e organizações, e aqueles que estão à frente de diferentes causas na sociedade – aqui chamados de LÍDERES COMUNITÁRIOS.

- Os pais e educadores não têm ainda bastante consciência dos importantes papéis de liderança que precisam exercer.

- Tornar-se bom líder, e atuar como tal, é uma boa maneira de valorizar e tornar a vida mais interessante.

- Os países e as sociedades que tiverem maior quantidade de bons líderes serão mais bem-sucedidos, suas organizações, mais competentes, e seu povo, mais feliz.

- Liderança pode ser exercida de diversas maneiras e em diversas situações. Ou seja, podemos ser líderes *polivalentes*, tal como um jogador que atua em diversas posições ou um músico que toca vários instrumentos.

II

- A evolução e a valorização da liderança constituem um fenômeno recente, que coincide com a grande evolução do mundo nas últimas décadas.

- Até então, exceto as lideranças políticas nos períodos de predomínio da democracia, havia praticamente só funções de comando militar – o que é normal – e funções mais autocratas de comando civil. Neste último caso, as funções tinham nomes terríveis, como capataz e feitor. Mais tarde, melhoraram um pouco com as denominações de encarregado e chefe.

- As denominações hoje utilizadas indicam a evolução: supervisor, gestor, líder, mentor, *coach*.

- A liderança carismática é a mais conhecida socialmente. Além de ser habilidade de um menor número de pessoas, ficará claro neste livro que ela perde em importância para as quatro lideranças aqui destacadas.

- Algumas idéias novas e interessantes sobre liderança:

  - É uma *competência* que todas as pessoas podem desenvolver, em maior ou menor grau.

  - Bom líder precisa ter *empatia*, mais do que *simpatia*.

  - Bons líderes aceitam a idéia de que podem, vez por outra, ser liderados por seus comandados.

  - Dependendo dos planos ou projetos, a liderança pode ser dividida ou compartilhada entre várias pessoas.

  - Para exercer a liderança, não importa a idade, condição social, tipo de formação ou sexo. Até crianças, em brincadeiras de rua, costumam assumir papéis de liderança.

■ Desenvolvemos algumas habilidades para ser líder ao longo da vida, sem nem perceber.

III

■ Fala-se muito de liderança. Muitos milhares de livros foram escritos e outros milhares de cursos ministrados sobre o tema, demonstrando que se trata de um assunto reconhecidamente importante.

■ Entretanto, tem havido uma tendência a complicá-lo mais do que a simplificá-lo, dificultando uma evolução mais rápida da prática da liderança nas organizações e na sociedade civil.

■ Devido à importância deste assunto para as pessoas e organizações em geral e para a sociedade como um todo, o ensino da liderança deveria fazer parte do currículo das escolas. Eis uma questão que precisa ser levada para debates públicos.

■ Os clubes, as agremiações esportivas, os centros de lazer, as escolas de samba etc. descobriram – antes das empresas, das organizações governamentais e mesmo de muitas escolas de nível médio e superior – o quanto a liderança é importante para o alcance de objetivos e de bons resultados.

- Líderes de comunidades de bairros e de condomínios devem empenhar-se cada vez mais para atuar como líderes comunitários, mais do que como simples administradores dos recursos e da burocracia.

- Essas questões importantes, relacionadas anteriormente nos itens I, II e III, estão explicadas e comentadas neste livro, de forma simples e objetiva. Confiram.

1

Os quatro heróis
modernos

Senhoras e senhores pais, educadores, gerentes e líderes comunitários,

Depois de dedicar alguns anos a cuidar das competências das organizações e de suas gerências, tive um estalo mental, algo como o popular "cair da ficha": por que só as empresas precisam melhorar suas competências? As demais organizações da sociedade não precisam disto também?

Posteriormente veio o desdobramento da pergunta: e que lideranças mais precisam desenvolver suas competências e aplicá-las em favor de uma sociedade mais evoluída, de um país e de um mundo melhor?

A resposta a esta pergunta resultou neste livro sobre competências, assunto que considero dos mais importantes da atualidade. Estou tão convencido disto que os meus últimos livros abordam o tema competência de vários ângulos: *competências pessoais e suas diversas manifestações, competências de liderança, competências organizacionais, competências de equipes, competências de empresários, como cada um deve cuidar do desenvolvimento de suas competências*, entre outros focos.

Considero essa explosão do despertar e desenvolvimento da competência um fenômeno tão marcante, tão importante, tão amplo e duradouro, tão universal, que ouso propor mais esta classificação de fases do mundo:

século XX – **Era da eficiência** e século XXI – **Era da competência**.

O movimento moderno de valorização da competência vai se consolidando como gerador de desenvolvimento pessoal e profissional, sucesso empresarial e crescimento econômico do país.

As teses que tenho defendido nos meus diversos livros sobre competências poderão contribuir para uma mais ampla e rápida difusão de um assunto que, mais cedo ou mais tarde, resultará num salto de evolução social e espiritual no mundo. Evolução esta que tem ficado para trás em relação à de conhecimentos, ciências e tecnologias.

As sociedades modernas deveriam cuidar mais do desenvolvimento dos valores e prazeres do espírito (ética, estética, solidariedade, confraternização, empatia e outros) na grande população e, como desdobramento, do desenvolvimento social do país. E cuidar disto cabe a própria sociedade, principalmente por meio de seus quatro "heróis" modernos.

Concluí anteriormente que são quatro as mais importantes lideranças da sociedade: os pais, os educadores, os gerentes das organizações e os diversos líderes comunitários. Bem que gostaria de incluir aqui as lideranças políticas, mas elas ainda não fazem por merecer tal honra, com raras exceções.

Não resisti à tentação de considerá-los os quatro heróis da sociedade moderna, se entendermos como herói quem se dedica a grandes causas e desempenha grandes papéis em favor de pessoas, das comunidades sociais, contribuindo para o desenvolvimento das instituições ou mesmo da nação por inteiro. Vale notar que o mundo está ficando mais complexo em todos os sentidos, o que tende a demandar maior capacidade de resolver problemas por parte das pessoas, especialmente das lideranças diversas e dos dirigentes.

Uma constatação importante e complementar é o fato de que existe algo em comum nos papéis que as quatro figuras em questão representam na sociedade. Sociedade que está carente, diga-se de passagem, de líderes e organizações competentes.

Ninguém ou nenhuma outra instituição reúne tanta capacidade potencial de melhorar a sociedade do que os quatro líderes aqui citados. E, tendo em vista a importância do papel que podem e precisam exercer na sociedade, ocorreu-me considerá-los os *quatro mosqueteiros* modernos. Lembram-se, leitores, dos quatro mosqueteiros dos filmes de capa e espada? Eles tinham como lema: "Um por todos e todos por um". A essência deste livro é mostrar que, de certa forma, pais, educadores, gerentes e líderes comunitários podem se inspirar neste lema.

Vejamos como sua ação beneficia a sociedade: a) os pais criam e educam os filhos para terem melhor comportamento na sociedade; b) professores complementam esta educação a fim de ensinar-lhes melhor comportamento e desempenho nos lares, no trabalho e também na sociedade como um todo; d) os gerentes são os principais responsáveis por melhor convivência no trabalho e por garantir que as organizações tenham produtos e serviços de melhor qualidade e menor custo para beneficiar toda a sociedade; d) os líderes comunitários ajudam a aperfeiçoar e a fazer funcionar melhor as instalações e relações sociais – resultado que repercutirá nos lares, nas escolas e no trabalho.

Concordam que a idéia tem fundamento? Concordam que a sociedade precisa muito de atuações mais integradas, mais competentes e mais comprometidas dessas quatro importantes figuras?

Heróis reais, de carne e osso e com os pés no chão

Inspirados nas lendárias figuras da literatura romântica, precisamos estimular nossas quatro importantes personagens sociais a envergar o papel de heróis modernos. Só que de carne e osso, de um mundo real. Atuando juntos ou separados, motivados pela vontade de ser útil, eles têm a liderança como sua espada, e como capa, a consciência de seu papel.

Trata-se de uma ação de liderança que requer mais coração, mais ânimo, mais decisão de fazer as coisas acontecerem do que aplicação de muitas e complicadas teorias.

Este é o meu sonho: ver essas quatro lideranças assumindo seus mais nobres papéis e se dispondo a contribuir para uma sociedade, um país e um mundo melhor.

Sintam-se, portanto, senhoras e senhores líderes principais da sociedade, convocados a melhorar o mundo e fazer história.

Convido os leitores a revigorar sua crença na humanidade, seu ânimo de viver e seu otimismo em relação ao futuro do país e da humanidade. Em se tratando do Brasil, nunca é demais lembrar que depende mais de nós do que dos governantes. E renovo a sugestão de alimentarmos a certeza de que podemos dar mais sentido e significado à nossa existência.

Tenho esperança de que venham a considerar as idéias e propostas deste livro (quem sabe no conjunto da quadrilogia sobre competência) dignas de propagação, de serem comentadas nos intervalos de trabalho, nas reuniões familiares, nos encontros de amigos e também de vizinhos, nos bate-papos da vida, enfim.

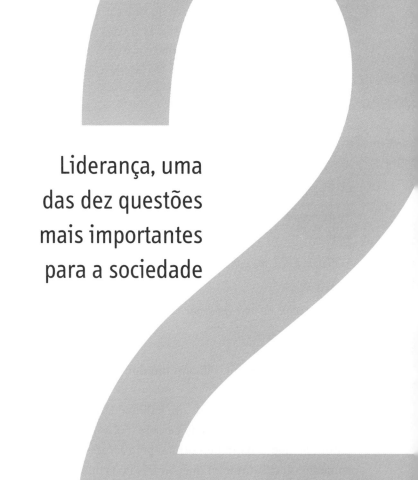

2

Liderança, uma das dez questões mais importantes para a sociedade

Se fizéssemos um levantamento de opiniões, ou mesmo se parássemos para eleger as dez questões mais importantes para o bem-estar ou para a satisfação das pessoas, para a evolução das sociedades organizadas e para o progresso da humanidade, provavelmente chegaríamos, se não a todos, pelo menos à maioria destes itens:

- *Organização.*
- *Comunicação.*
- *Trabalho.*
- *Educação.*
- *Economia.*
- *Ciência.*
- *Saúde física, mental e espiritual da população.*
- *Lazer.*
- *Preservação do meio ambiente.*
- *Liderança.*

Antes de prosseguir, reflitam um pouco sobre isso, interessados leitores.

Essa relação é resultado de um levantamento que fiz envolvendo algumas dezenas de pessoas. Foi suficiente para confirmar que é bastante correta; poucas pessoas acrescentaram ou substituíram dois ou três itens diferentes.

E aqui estão alguns comentários que justificam a escolha dessas questões:

A **organização** é a base do ordenamento e funcionamento de uma sociedade. Quanto melhor a organização de uma cidade, estado ou país, melhor será o funcionamento de suas instituições e maior será a normalidade da vida da população. Melhor ainda quando as instituições da sociedade forem bem organizadas internamente.

Diferentes formas de **comunicação** são utilizadas ou aplicadas o tempo todo e de formas variadas: verbal, escrita, via e-mail, por telefone, correspondência, pelo rádio, jornais e TVs. A comunicação constitui o principal elo de relacionamento e entendimento entre as pessoas e as organizações. E sabe-se que a ausência ou falhas de comunicação causam muitos problemas para pessoas, famílias, empresas e governos.

O **trabalho** é o meio utilizado pelas pessoas e organizações da sociedade para produzir bens de consumo geral e executar serviços que fazem funcionar tudo que é necessário para a vida humana e para a ordem social. Em outras palavras, as coisas acontecem em todos os setores da sociedade por meio do trabalho das pessoas.

A **educação** é uma atividade fundamental à transmissão dos conhecimentos e realização de atividades de aprendizagem que proporcionam às pessoas condições para se desenvolver intelectual e espiritualmente, para aprender a viver em sociedade e, de modo especial, para adquirir conhecimentos e métodos de trabalho.

A **economia** fornece princípios e orientações para melhores organização, ordenamento e valorização dos recursos que pessoas e sociedades utilizam a fim de promover a produção de bens e realizar as transações de troca desses bens.

A **ciência** é a atividade que cuida de pesquisas e estudos voltados a descobrir e desenvolver recursos e soluções técnicas e operacionais, em todas as áreas do saber, para assegurar boas condições de vida às pessoas, bem como para aperfeiçoar os recursos tecnológicos que favorecem o funcionamento das instalações e instituições que compõem as organizações da sociedade.

A **saúde física, mental e espiritual** das pessoas constitui a própria essência da natureza humana. O bem-estar e o progresso, das pessoas e da sociedade, dependem fundamentalmente disso.

O **lazer** é uma atividade importante na vida das pessoas, na medida em que lhes proporciona recuperar a energia física e mental despendida nos estudos e trabalhos, bem como contribui para a efetividade e o aprimoramento da convivência social.

Vai ficando cada vez mais evidente a importância da **preservação do meio ambiente** para o futuro da humanidade. Já existem sinais claros dos riscos que o planeta corre caso ações concretas de preservação não sejam adotadas de forma efetiva e rápida.

Como tema central deste livro, a **liderança** naturalmente merece destaque.

A importância da liderança

A liderança é uma função ou papel assumido por alguém, de forma organizada e "oficial", ou de forma espontânea, para orientar e conduzir indivíduos ou grupos de pessoas, em diversas situações sociais: na família, no trabalho, nas relações sociais, na educação, na política, na religião.

E observem que ela se faz presente em todas as demais atividades principais da sociedade anteriormente apontadas, conforme veremos.

A liderança influencia no melhor desenvolvimento das **organizações** em geral, estando presente não apenas em sua construção, mas também em seu funcionamento. É tanto mais eficiente e competente quanto melhor se **comunica** com os liderados; é fundamental para orientar e conduzir o **trabalho** organizado; tem função importante no desenvolvimento da **educação**, em casa ou nas escolas; desempenha papel importante na organização e utilização dos recursos da **economia**; pode contribuir bastante para o desenvolvimento da **ciência** e boa aplicação de seus feitos e produtos; tem presença indispensável na orientação para a boa **saúde física, mental e espiritual**; pode exercer importante influência para a sadia e economicamente bem aproveitada prática do **lazer**; e precisa se fazer presente a fim de influenciar instituições internacionais – como a ONU –, países, populações, comunidades e pessoas a **preservar o meio ambiente**.

Resta-lhes alguma dúvida sobre a primazia ou destacada importância deste tema, caros leitores?

Outras formas de ver a relevância da liderança para o bom funcionamento e desenvolvimento da sociedade virão nos próximos capítulos.

3

Não é verdade que líder nasce feito

> *"A base da liderança não é o poder,
> e sim a autoridade conquistada
> com amor, dedicação e sacrifício."*
>
> JAMES C. HUNTER
> Autor de *O monge e o executivo*

É preciso desmistificar essa crença popular, já bastante difundida, de que "líder nasce feito".

Podia-se acreditar nesta afirmativa quando a visão de liderança era restrita. Quando pais e educadores não eram vistos como líderes, e quando nas empresas os gerentes se preocupavam mais em adotar atitudes de autoridades e em fazer cara feia e descarregar seu mau humor em cima dos subordinados. O lado positivo da liderança ficava reservado apenas à categoria do líder carismático, que inclui principalmente políticos e religiosos.

Líderes importantes para a sociedade são aqueles que, com suas ações e atitudes, trazem muitos benefícios a grupos de pessoas e seus ambientes e comunidades. O líder carismático tem realmente uma capacidade maior de influenciar e impressionar grandes públicos, mas nem sempre para os objetivos mais práticos e úteis à população.

Já os líderes destacados neste livro podem exercer, estes sim, influência constante e decisiva na vida de todas as pessoas, individual e coletivamente.

Estes líderes podem – de maneira mais efetiva, constante e presente – contribuir intensa e significativamente para o bem das pessoas, das famílias, da sociedade. E o que contribui para o bem da sociedade, contribui para o bem do país como um todo.

Os quatro líderes em questão englobam pelo menos 90% das lideranças da sociedade. E chegamos mais próximos dos 100% ao verificarmos que outros tipos de líderes, como os esportivos e sindicais, são provavelmente também pais, educadores, ou até mesmo líderes gerenciais.

Enfim, a idéia de que "líder nasce feito" se aplica somente ao caso das lideranças carismáticas – que, embora importantes e muitas vezes admiradas, representam uma minoria.

Ocorre que a sociedade precisa de grande quantidade de líderes, com funções mais úteis e objetivas.

4

Existe diferença entre liderança e gerência?

Um exame das funções, papéis e valores da liderança

Para a finalidade deste livro, convém esclarecer bem a diferença entre liderança e gerência: uma está mais para o papel e a outra, mais para a função. São duas formas um pouco iguais e, ao mesmo tempo, diferentes de atuar.

A fim de facilitar o entendimento, digamos que as duas formas de atuar pertencem à mesma família de significado, mas uma é a laranja e a outra, a mexerica. Elas possuem semelhanças em formato, sabores e componentes vitamínicos. Mas nós as descascamos e as chupamos ou comemos de formas diferentes. Por alguma razão, a laranja é mais usada para fazer suco, para acompanhar a feijoada e no preparo de bolo. Talvez porque seja mais fácil extrair seu sumo.

Como aplicação prática nas organizações da sociedade, a liderança é mais apropriada em algumas situações e a gerência em outras, como veremos adiante.

E será tão importante assim saber essa diferença, ou aplicar as duas palavras de forma mais precisa? A resposta é sim. Quem utiliza as palavras de forma mais precisa e adequada mostra maior conhecimento, mais clareza de raciocínio e comunica melhor suas idéias.

Diferença entre função e papel

Já que a liderança se aproxima mais de um papel e a gerência de uma função, vejamos também a diferença entre essas duas formas de atuar.

Podemos utilizar o mesmo recurso da analogia para tornar mais rapidamente clara a diferença entre *função* e *papel*. Digamos que sejam irmãos. Entre irmãos, pode haver um homem e uma mulher, um ter estatura maior do que o outro, um ser mais extrovertido e o outro recatado, e assim por diante.

Função diz respeito a atribuições de um cargo, de um trabalho ou atividade, com um fim operacional, produtivo ou econômico. E corresponde a "o que faz". Exemplos: controlar uma atividade; operar uma máquina; conduzir uma reunião; autorizar uma compra etc.

Papel é um atributo que se diferencia da função especialmente no que se refere à finalidade da ação. Responde melhor à questão: "por que faz". Papel tem mais que ver com missão a cumprir do que com tarefa a executar. Por exemplo, orientar, educar, alertar, estimular, criar uma oportunidade de parceria representam melhor a idéia de missão.

Exemplos de papel com clara indicação de missão: *cabe a ele a responsabilidade de tranqüilizar a turma; ele tem a in-*

cumbência e o desafio de mudar a mentalidade do pessoal; é sua a tarefa especial de conciliar os interesses das partes.

Liderança é diferente de gerência

Pode-se dizer, portanto, que a liderança é mais voltada a exercer papéis e a gerência, a exercer funções. Acredito que seja melhor reforçar a diferença mais com exemplos do que com conceitos.

Cabe aos gerentes, principalmente, exercer funções de designar responsabilidades, dirigir trabalhos, coordenar e entrosar o trabalho de equipes, controlar e avaliar resultados de desempenho, ensinar a execução das tarefas, obter e fornecer os recursos para as atividades de sua área, decidir caminhos, transferir ou demitir pessoas, entre outras tarefas da mesma natureza.

Cabe aos líderes, de modo especial, exercer papéis de mostrar caminhos alternativos, estimular participações, encorajar iniciativas e decisões, inspirar valores, difundir boas idéias, e assim por diante.

Os leitores não devem, porém, tomar estes conceitos ao pé da letra. Não só é ideal, mas também inevitável que gerentes mostrem, vez por outra, algumas atitudes próprias de líder, e vice-versa. Essa flexibilização constitui uma competência moderna de quem lidera ou gerencia pessoas e equipes.

Outras características
e valores da liderança

Liderança compõe-se, pois, de disposição e atitude para tomar iniciativas, incentivar, dar exemplo, orientar, apoiar decisões em favor de uma organização, de uma equipe, de uma família ou de uma comunidade.

A liderança, tal como a gerência, pode ser exercida de diversas *formas*, em diferentes *situações* e com várias *finalidades*. Não precisa, contudo, estar associada a especialidades como no caso da gerência (de produção, de finanças, de vendas). Liderança combina melhor com a atuação em torno de causas, sejam elas econômicas, sociais, educacionais, políticas ou religiosas.

As pessoas podem tornar-se líderes de alguma forma, em determinadas situações, oficialmente ou informalmente. Gerentes exercem suas funções sempre de forma oficial.

Considerando um âmbito social maior, todas as pessoas são ora líderes, ora liderados. E, uma vez que o liderado compreende o papel e o objetivo do líder, ele pode, na sua vez, praticá-los melhor.

Pessoas assumem papéis de liderança em diferentes lugares – empresas, comunidades, escolas, associações, praças de esporte, ruas etc. Podem, entre suas atribuições, exercer algumas funções formais semelhantes às de gerente, como organizar e prover recursos, mas quase sempre precisam aplicar, de maneira mais efetiva, habilidades de relacionar, influenciar, unir, criar interesses, desenvolver sentido de equipe, incentivar, entusiasmar e, às vezes, emocionar.

Como uma maneira mais contundente de demonstrar a importância da liderança, digamos que ela tem um alcance maior, como no caso da melhoria da imagem da organização, do alcance de bons resultados da educação, da boa convivência nas comunidades, da união e harmonia das famílias, de estimular e entrosar iniciativas para a evolução da sociedade, o fortalecimento da democracia e o desenvolvimento do país.

E este livro vai sempre lembrar este ponto importante: praticando a liderança, formal ou informal, de diversas maneiras, em causas boas e úteis, e de forma competente, damos mais significado à vida. A atuação como líderes de causas úteis nos proporciona sensação de importância e também satisfação e alegria de viver.

Como acontece o desenvolvimento da liderança?

Eis aqui mais alguns argumentos para apoiar a afirmativa de que líder *não* nasce feito.

As pessoas começam a se desenvolver como líderes já na infância, nas brincadeiras de criança, e ainda na observação e imitação do comportamento dos adultos. Ao longo da vida, encontram várias oportunidades de desenvolver habilidades e comportamentos para exercer maior liderança e de melhor maneira.

Também não é propriamente verdade que somente os mais atirados e arrojados assumem atitudes e funções de líder. Pessoas tímidas podem ser bons líderes. É possível, inclusive, exercer liderança apenas com gestos, sinais e exemplos de atitudes.

Sejam elas mais desinibidas e atiradas, mais simples e recatadas, todas as lideranças têm sua importância – ainda que em diferentes circunstâncias e com diversas contribuições – para as famílias, as organizações e a sociedade.

A vida em sociedade oferece muitas oportunidades para as pessoas se tornarem líderes, qualquer que seja sua personalidade, modo de ser e de agir, e ainda sua condição social.

Quando ser líder?

Não é demais repetir que a vida nos apresenta variadas chances de ser líder, de diversas formas: para orientar, incentivar ou estimular, para ensinar, apoiar ou ainda dirigir a atuação ou o comportamento das pessoas.

E onde ocorrem essas oportunidades? Na vida em família, no trabalho, nas escolas e nas entidades de treinamento, nas reuniões profissionais e sociais, nas festas, nos grupos de viagens, nas pescarias, nas peladas de futebol etc. Cabe-nos ficar atentos a essas oportunidades e também acostumarmo-nos a ver a importância e a satisfação de atuar como líder mais vezes.

Aqui, um ponto muito significativo sobre o exercício da liderança: além de contribuir para alguma causa útil, podemos melhorar a auto-estima, encontrar mais oportunidades de realização pessoal e, por conseqüência, aumentar os momentos de satisfação da vida.

Os leitores só não sentirão o gostinho bom de ser líder se não quiserem.

Por que ser líder, de preferência competente?

Por três motivos importantes:

I) Porque as diversas organizações da sociedade – empresas, famílias, escolas, comunidades, associações – precisam contar com lideranças assumidas e competentes, a fim de cumprirem melhor seus objetivos.

II) Para exercermos melhor e de forma mais útil nossas funções e papéis de supervisores, gerentes e coordenadores de áreas, atividades e projetos nas organizações em que atuamos profissionalmente.

III) E – por que não dizer? – para aumentarmos as oportunidades de aplicar – não desperdiçar, notem bem – os conhecimentos, as competências e habilidades que possuímos e muitas vezes não usamos em favor de causas importantes.

Sintetizando:
Quando as organizações e a sociedade contarem com mais e melhores líderes, será conseqüência inevitável uma evolução, em todos os sentidos, de todas as instituições sociais e, numa visão mais ampla, do país.

As 4 principais lideranças da sociedade

Chegamos ao tema central deste livro, após repassar os conceitos e tipos de liderança.

Acredito que, a esta altura, nenhum leitor tenha ainda dúvida:

I) sobre a importância dos líderes para o progresso da sociedade e sucesso das organizações;

II) quanto à possibilidade de todas as pessoas exercerem uma ou mais formas de liderança;

III) de que as funções de pai, educador, gerente e líder comunitário sejam as quatro principais funções e/ou papéis de liderança. De novo: seria bom se pudéssemos incluir aqui a liderança política.

Uma visão moderna de autoridade

É importante examinarmos primeiro as seguintes questões:

- Estamos acostumados a pensar que professores e pais são mais *autoridades* do que líderes para alunos e filhos. Até porque a maioria ainda se mostra como tal.

- Da mesma forma, gerentes e supervisores se apresentam e são considerados, na maioria das organizações, mais como *superiores hierárquicos*, ou como *autoridades* a serem obedecidas, do que como líderes que orientam, apóiam, supervisionam.

A evolução das relações humanas e sociais indica a vantagem de que pais, professores e gerentes atuem e sejam vistos como líderes. Com isso, trocam uma autoridade impositiva por uma conquistada pelo respeito dos liderados.

A liderança deve ser exercida não pelo *status* ou força do cargo, mas pelo exemplo e experiência, por influência positiva, por direcionamento estimulante, com otimismo contagiante, pela visão e indicação de possibilidades. Essa é a melhor forma de conquistar respeito.

Na verdade, todos gostamos de ser autoridade, acreditando que isso nos torna mais importantes – fruto de uma herança cultural. Mas é preciso aprender a sentir o gostinho de ser líder mais pela inspiração que se proporciona do que pelo jeito impositivo de agir. O gostinho de ser aceito e respeitado naturalmente, de se sentir bem-vindo, e não apenas suportado.

Fixemos esta idéia: quem dá legitimidade à liderança são os liderados, com a sua aceitação e aprovação do papel.

Feitas essas breves considerações iniciais, vamos ao essencial. Vejamos agora as características das quatro lideranças.

As competências de liderança
dos PAIS

A concepção tradicional da figura dos pais não inclui o importante papel de liderança. Costuma-se esperar deles que "preparem os filhos para a vida", mas esta preparação não inclui a orientação educacional, pois pensam que isso é problema das escolas; talvez até porque acreditem faltar-lhes competências para serem líderes e educadores.

Vejamos o que se espera dos pais em relação aos filhos:

- gerá-los para a manutenção das famílias e da sociedade;
- criá-los até a maioridade, cuidando de sua alimentação e zelando por sua saúde e segurança física;
- proporcionar-lhes a formação escolar até o maior grau que sua condição econômica permitir;
- quando possível, proporcionar-lhes condições de obter conhecimentos e habilidades complementares (ensino de língua estrangeira, danças, instrumentos musicais e práticas de esportes, como a natação e artes marciais).

Conseguindo isso, no todo ou em grande parte, os pais já teriam cumprido seu papel e poderiam viver e morrer com a consciência tranqüila.

A consciência do papel de liderança está para ser desenvolvida

Cogitar atribuir aos pais o papel de liderança no desenvolvimento educacional e de competências dos filhos é algo novo. Talvez nem se considerem preparados para isso – e com razão.

Mas se essa situação valeu até agora, ela não deve prevalecer no futuro.

Tudo tem um começo, mesmo as evoluções de mentalidade e comportamento. E todo começo precisa ocorrer com as condições de que se dispõe; não se pode esperar contar com as condições ideais.

No que diz respeito aos pais assumirem os papéis essencialmente educativos dos filhos, é necessário aceitar a idéia de que "vai-se aprendendo com a prática".

Talvez a maior dificuldade para que os pais incorporem o papel de educadores de seus filhos seja a evolução da mentalidade, a aquisição da consciência desse papel. Obter conhecimentos de teorias e orientações sobre como agir é mais fácil. Até porque temos hoje abundância de informações oferecidas por programas de TV, revistas, palestras e outros recursos disponíveis.

Uma forte campanha precisa ser feita para incutir nos pais essa consciência, levando-os a assumir mais decididamente essa responsabilidade. As mídias, principalmente, devem ajudar mais objetiva e fortemente nesse sentido.

Um desdobramento positivo que, espera-se, venha a acontecer – além da disseminação e assimilação da idéia – é o surgimento de livros, revistas e cursos voltados a melhorar a competência de liderança dos pais.

Competências de liderança que os pais devem ter e/ou desenvolver

Com a consciência da necessidade de serem também líderes de seus filhos, e efetivamente assumirem este papel, os pais devem procurar desenvolver algumas competências para isso, indicadas logo em seguida.

Antes, porém, cabe dizer que muitos deles já desenvolveram parte dessas competências ao longo da vida pessoal, ou por já exercitarem de alguma forma funções e papéis de liderança na vida profissional.

Vejamos, então, quais são as competências de liderança aplicáveis aos pais, ressaltando que algumas delas podem ser comuns às requeridas a gerentes e educadores:

■ Saber entender a psicologia e o comportamento de crianças e adolescentes.

Existem muitas informações disponíveis em livros e revistas sobre isso. E há variados programas de televisão que abordam esses assuntos. Talvez devamos começar a trocar horas excessivas dedicadas aos programas de TV de menor utilidade (e muitas vezes repetidos) por aqueles que tratam de comportamento e educação de crianças e jovens.

Cabe a quem apresenta este e outros assuntos na mídia fazê-lo de forma clara, objetiva, didática e até com uma pitada de bom humor.

■ Saber entender as atitudes rebeldes das crianças e jovens, bem como manter a calma diante delas.

Isso certamente não é fácil. Tais atitudes são próprias da idade e o melhor a fazer é aprender a controlar a emoção – o popular "contar até dez" para não fazer bobagem merece ser considerado. Devemos aprender que controlar as emoções é uma competência que precisamos desenvolver.

É necessário desenvolver essa competência para aplicá-la em várias situações: em casa, no trabalho, no trânsito, nos diversos momentos em que somos mal atendidos, e assim por diante. Costuma-se dizer que aprender a "engolir sapo" é uma arte. Até as figuras mais importantes da humanidade precisam aprendê-la e exercitá-la.

Empenhar-se para exercitar a empatia em relação aos filhos.

Venho destacando em oportunidades apropriadas, como esta, a importância da empatia. Uma habilidade pessoal que não desenvolvemos muito, até porque ainda não é devidamente valorizada na sociedade. Tenho reafirmado que a empatia é, nas amizades, no amor e na relação com filhos, mais importante do que a simpatia. É por meio dela que conseguimos ficar atentos e interessados pelos sentimentos, necessidades e expectativas dos outros. Na relação com os filhos é, sem dúvida, uma postura fundamental.

Saber impor respeito pela firmeza e coerência de atitudes.

É muito mais importante se impor desta forma do que pelo grito ou por ameaças; descobrir e exercitar isso ajuda a administrar os impulsos. Firmeza e coerência de atitudes são competências muito importantes, que surtem efeito real e que, ainda, os adolescentes aprendem a admirar.

■ Saber inspirar confiança.

Qualquer tipo de liderança implica inspirar confiança nos liderados. A coerência de atitudes anteriormente mencionada, o esforço para entender o modo de ser das crianças e dos adolescentes e a aproximação amigável são algumas das maneiras de conquistar a confiança e superar a resistência dos filhos. Acostumemo-nos com a idéia de que essa sensação é melhor do que aquela advinda de descarregar a raiva ou da imposição de autoridade. Além de nos sentirmos bem, não causamos estragos nas relações.

■ Saber tratar de questões delicadas com os filhos.

Eis mais uma grande dificuldade que os pais precisam superar – principalmente aqueles da geração *baby boomer* (veja as características das gerações no capítulo 11). Se necessário, deve-se buscar ajuda para isso.

■ Saber não ser "paternalista" em relação aos filhos.

É interessante descobrir que os pais não podem ser paternalistas com os filhos, ou seja, ser bonzinho, conquistar a obediência e disciplina do filho ou subordinado com bens materiais e negociações do tipo: "Se você agir assim, eu prometo lhe dar..." Vale observar que o paternalismo costuma ser também uma compensação ao rigor disciplinar ou à agressividade de pais e chefes, uma forma de compensar uma punição mais dura. Se as outras competências indicadas forem desenvolvidas, não é necessário ser paternalista, pois essa é uma postura ou atitude, diga-se de passagem, antieducacional.

Saber ser amigo dos filhos, mais do que autoridade.

Será também muito positivo procurar a aproximação dos filhos como amigos, tentando conciliar interesses e prazeres. Além de troca de confidências pessoais, pode envolver práticas de esporte, assuntos culturais, programas de TV, passeios e outros. Se essa amizade já começar na infância e continuar na adolescência, fica mais fácil.

Saber encontrar maneiras de dar mais e melhor atenção aos filhos.

A vida atribulada pode levar ao distanciamento entre pais e filhos. É preciso empenho especial a fim de conseguir tempo e oportunidades para conviver mais com eles.

As competências dos pais não se esgotam aqui. Mas são estas certamente as mais importantes.

Reforçando questões fundamentais

Os pais modernos precisam se conscientizar da necessidade de adquirir e aplicar as competências aqui citadas. Não podem mais se contentar com as responsabilidades e comportamentos tradicionais, ainda que bem desempenhados.

Por enquanto, não existem cursos e escolas regulares para desenvolver essa consciência de papéis e essas competências – se tanto algumas iniciativas parciais e isoladas. Mas não se pode esperar por isso. É preciso arregaçar as mangas e fazer, por iniciativa própria, o melhor possível. Em outras palavras, cuidar do autodesenvolvimento como pais.

Não é pela impossibilidade de estar fisicamente presente em casa que os pais devem se omitir na educação dos filhos. Hoje, é possível estabelecer, tecnológica e virtualmente, comunicações com eles e cuidar melhor do papel de pais-educadores e pais-líderes.

Significa dizer que podemos usar os recursos de Internet, telefone comum ou celular, orientações escritas deixadas numa pasta, papeleira ou envelope. Algumas horas extras à noite e nos fins de semana bastam para realizar esse mister. Isso pode até preencher algum vazio de existência, ou substituir o tempo excessivo que gastamos assistindo a repetidos filmes ou programas de TV.

Muita gente já disse, e é verdade: quem quer faz.

Devemos transformar as dificuldades em desafios, em estímulos para mexer com a criatividade, com a capacidade de resolver problemas – que são competências.

As competências de liderança dos EDUCADORES

Uma liderança mais efetiva e competente dos educadores, assim como dos pais, em relação aos seus liderados naturais poderá produzir um excepcional efeito em favor de uma sociedade mais evoluída.

Educadores e pais são as figuras com maior poder de direcionar e influenciar o desenvolvimento pessoal, profissional e social dos indivíduos.

Tal como os estímulos aos pais do item anterior, aqui estão alguns direcionados especificamente aos educadores.

Os papéis específicos dos educadores

E por que sobressai a importância do papel dos educadores em relação ao desenvolvimento das crianças e dos jovens?

Por duas razões principais:

I) Inclui o ensino das matérias de conhecimentos gerais de interesse de todas as pessoas e, principalmente, o ensino das matérias básicas e necessárias para sua formação técnica e o exercício de suas profissões.

II) Envolve: orientações para compreensão da realidade do mundo e da vida social; mostrar os valores estabelecidos pela sociedade, assim como as opções de caminhos que essa realidade oferece; estimular os jovens a aprender a lidar com as dificuldades e os desafios da vida etc.

O papel dos educadores é nobre por sua missão de fornecer indicações para um comportamento social adequado à realidade, bem como orientar uma formação profissional mais objetiva. Requer ainda especial competência e habilidade – em ter o direito natural que possuem os pais – para lidar com o lado mais complicado das pessoas, que é o emocional, especialmente nas fases de idade em que freqüentam escolas. O capítulo 9 mostra como o lado emocional e alguns fatores sociais afetam o comportamento das pessoas, e como isso aumenta as dificuldades de liderá-las e educá-las.

Modelos de "educadores" que precisam ser esquecidos

Assim como se considerava, no passado (e talvez isto ainda ocorra em lugares mais remotos), que bons pais eram rígidos e severos com os filhos, considerava-se o mesmo em relação ao conceito de bons professores em tempos menos evoluídos – aqueles que mais faziam cara feia, mais ameaçavam e mais puniam os alunos, e ainda tinham prazer em dar-lhes notas baixas.

Felizmente, esses tempos de formação e mentalidade atrasadas vão sendo superados. Tempos em que se poderia até aplicar aquele ditado: "Quem não tem cão caça com gato". Tempos em que, por falta de competências pessoais e pedagógicas, e também por atrasado estágio de evolução profissional e cultural, pais e professores recorriam a atitudes repressivas e punitivas para impor sua autoridade aos filhos e alunos. Muitas vezes, eram até apoiados e admirados por isso.

Aliás, o mesmo se pode dizer em relação aos gerentes despreparados e retrógrados. Não sabendo como conquistar e motivar seus subordinados, aplicam a intimidação e a punição.

Cabe também, a propósito, desestimular a atitude dos educadores que se satisfazem em ter e valorizar os alunos caxias e bajuladores. Nem é preciso dizer o quanto isso é deseducativo. Além de revelar pouco empenho em conquistar alunos mais difíceis, tal atitude favorece a manutenção de um baixo padrão educacional.

Educadores modernos e competentes

Quais competências os educadores devem incorporar e desenvolver, portanto, para se adequar aos novos tempos e contribuir para uma sociedade mais bem desenvolvida?

Tal como mostrado em relação aos pais, aqui vão as competências essenciais aos educadores:

■ Competência pedagógica e didática.

São as duas competências mais fundamentais aos educadores. A primeira refere-se a uma visão mais abrangente da educação, seja de crianças ou adultos, de pessoas sem ou com deficiências, seja em sala de aula ou fora dela. Possui um alcance maior, que inclui: a aquisição de conhecimentos gerais, técnicos e especializados, além de princípios sociais e humanos; a educação para comportamentos sociais adequados e para a vida, enfim. Já a competência didática diz mais respeito à aplicação de técnicas e métodos de ensino que levam os alunos ou aprendizes a um melhor resultado escolar, de ensino ou aprendizagem, de formação escolar básica e capacitação técnica.

Pode-se dizer que os diretores de escola e orientadores educacionais precisam dominar mais a pedagogia. Visam, no seu trabalho, a um alcance maior dos objetivos da escola. E os professores têm de dominar mais a didática, ou as técnicas para levar os alunos a apreender melhor os conhecimentos, as matérias que compõem o currículo escolar ou os programas dos cursos, e a preparação para as carreiras profissionais.

Competência para entender e saber lidar com comportamentos humanos em diferentes idades e situações de vida.

Trata-se da segunda mais fundamental competência dos educadores, na medida em que lidam com crianças e jovens de diferentes personalidades, formação física e mental, origens, condições de vida, influências. Essas indicações dão bem a dimensão da complexidade da tarefa dos educadores. Ter e aplicar essas competências constituem, sem dúvida, além de grande desafio, um dos itens mais valorosos e nobres da atuação dos educadores.

Competência de autocontrole emocional.

Tanto ou mais do que os pais, os educadores precisam ter essa competência muito bem desenvolvida, pois estão sujeitos a tê-la estimulada o tempo todo. Os educadores deparam, no dia-a-dia, com pessoas de comportamentos variados, às vezes agressivo, às vezes apático, às vezes desrespeitoso, às vezes com intenção de enganar, e assim por diante. Por essas e outras, cabe aos educadores desenvolver a competência de autocontrole emocional. Outro desafio.

Empatia. Saber colocar-se no lugar dos outros.

Os leitores devem lembrar-se como destaquei a importância da competência da empatia para os pais. Os mesmos argumentos podem ser usados aqui, porque os educadores precisam entender as motivações dos comportamentos das crianças e jovens para melhor se posicionar diante deles. Vale reforçar que se trata de uma competência fundamental para alguém que precisa ser bem-sucedido nas relações mais intensas com outras pessoas.

Paciência e tolerância.

Capacidade de ser paciente e tolerante em situações pouco confortáveis, que incomodam ou mesmo agridem – como parte inerente do trabalho –, é um requisito fundamental aos educadores.

◾ Saber influenciar e convencer.

Pelos objetivos que precisam alcançar nas tarefas essenciais de ensinar e educar, os profissionais dessa atividade precisam ter bem desenvolvidas essas competências similares e complementares.

◾ Saber apoiar e incentivar.

A explicação é a mesma do item anterior; o objetivo da ação dos educadores é que difere um pouco. Trata-se de uma competência igualmente importante.

◾ Saber ser observador e atento.

Competência fundamental para quem lida com grupo de pessoas que apresentam comportamentos diferentes, às vezes dissimulados ou disfarçados. Basta lembrarmos das variadas tentativas de colar por parte dos alunos. Mas é fundamental também que os educadores atentem para o estado de ânimo e de interesse dos alunos ou educandos, a fim de saber como agir, que técnicas didáticas adotar, e assim por diante.

E, por falar em cola, vai aqui uma idéia que pode se aplicar a algumas situações de ensino – ou suscitar outras idéias. Em tempos passados, quando ministrava aulas em curso colegial, gostava de dar, nas provas, questões que obrigavam os alunos a recorrer aos livros ou cadernos para buscar as respostas, acreditando que esse trabalho de "colar" era eficaz para a aprendizagem da matéria.

■ Capacidade de avaliação e julgamento.

Trata-se, aqui também, de uma competência que se manifesta associada com outras. No caso, com a competência anterior. Quem observa melhor terá mais condição de avaliar e julgar intenções, atitudes e comportamentos. É condição essencial para os educadores mostrarem correção de atitude, coerência e senso de justiça.

■ Competências de comunicação.

Os educadores comunicam em grande parte de sua atuação, de diversas formas, utilizando diferentes recursos. A competência de comunicação inclui utilizar bem a fala, a escrita, os gestos, os sinais e os recursos para apresentações. Mais ainda, precisam saber lidar com os recursos naturais do corpo, os tradicionais de ensino e os modernos audiovisuais, de informática e até de telemática.

Mostraremos adiante a importância da comunicação sob outros ângulos, no caso das lideranças gerenciais e comunitárias.

■ Saber adaptar-se a diferentes situações.

Os educadores deparam com situações diversas, de tensão emocional, descontração, formalidade e informalidade, alegria e tristeza. Razões pelas quais precisam ter ou desenvolver esta habilidade, popularmente chamada de "jogo de cintura".

■ Saber impor respeito pela firmeza e coerência de atitudes.

Competência fundamental para ser respeitado e admirado pelos alunos ou educandos. Competência comum aos pais, como vimos.

■ Capacidade de estudo.

Quem educa e ensina precisa estar – cada vez mais, em tempos de rápidas mudanças e evoluções – disposto a adquirir novos conhecimentos e a se reciclar, o que deve ser feito de modo objetivo, rápido e proveitoso. Aliás, cabe aos educadores inclusive ensinar e estimular os alunos a estudar de forma dedicada, persistente e continuada. Ninguém que queira sobreviver e evoluir profissionalmente pode deixar de manter-se estudando e aprendendo.

■ Capacidade de ter e manter bom humor.

Além de ser um bom recurso didático, que ajuda a descontrair os ambientes escolares, essa competência pode contribuir bastante para conquistar interesse, atenção e aceitação dos alunos. Os educadores devem, se necessário, buscar formas de desenvolver essa capacidade.

Eis então competências importantes que os educadores de todos os tipos e situações de formação e ensino precisam ter e/ou desenvolver. Ter consciência desses requisitos pode ajudar bastante na orientação do autodesenvolvimento pessoal e profissional.

Remuneração e recompensa

É preciso que os dirigentes de ensino, os proprietários de escolas e os pais encontrem formas técnicas e legais para melhorar a remuneração dos educadores, a fim de que possam dedicar o tempo necessário ao seu constante autodesenvolvimento, de um lado; e ter uma vida condizente com seu importante papel social, de outro. Isso é condição básica para a melhoria da qualidade da educação. Para não falar na melhoria da qualidade de vida dos educadores.

Duas sugestões finais

Aos educadores cabe pensar fundamentalmente em três pontos, como atitude de patriotismo e cidadania: i) no que representam a qualidade e os resultados da educação para o desenvolvimento da sociedade e do país; ii) no que a educação representa para os alunos como investimento para a sua vida, referente à capacitação e êxitos futuros; iii) no que representa a educação na formação do caráter e personalidade dos estudantes, e o reflexo disso para a qualidade da vida em sociedade.

A realidade aconselha que dirigentes de escolas e educadores promovam a melhoria do ensino – de programas curriculares, inclusive – por iniciativa própria das escolas, enquanto as reformas do ensino não vêm. O mundo está evoluindo rápido e não se pode esperar demasiado pelos lentos trâmites burocráticos do Ministério e Secretarias Estaduais de Educação.

As competências de liderança dos GERENTES

Gerenciar é a função de orientar, coordenar, supervisionar, avaliar e recompensar a atuação de trabalho e o comportamento de pessoas e equipes nas organizações de modo geral.

É ela que a literatura de administração tem considerado predominantemente como função de liderança. Parte dessa literatura destina-se a estimular os gerentes a atuar como líderes, mais do que gestores e comandantes de suas equipes. Outra parte talvez utilize essa expressão por ser mais simpática ou charmosa, embora enfatize os aspectos mais técnicos e organizacionais da função.

A verdade, porém, é que as atribuições típicas de gerenciar não são essencialmente de liderança. Deveriam sê-lo, mas isso ainda não aconteceu.

Importa observar que os papéis de pais e educadores são mais propícios a incluir os preceitos de liderança do que as funções de gerente. No entanto, mesmo que de forma nem sempre objetiva, a gerência é a mais estimulada a aplicá-los.

A explicação para isso? A gerência está mais à frente das atividades ligadas à produção, com efeitos claros e diretos em resultados econômicos e de lucro. E a economia é o fator mais determinante de mudanças e evoluções na sociedade.

Miopia, "toca-toca" e outros atrasos

A maior ênfase no desenvolvimento da competência de liderança dos gerentes justifica-se por caber a eles obter melhor produtividade nas organizações, por meio de sua atuação, ou gestão, sobre o trabalho das pessoas.

Os especialistas em liderança e em gestão de pessoas têm se empenhado bastante para convencer os resistentes e imediatistas empresários de que a liderança pode levar a melhores resultados e a maiores lucros do que a gerência puramente técnica. Mas ainda é forte a cultura gerencial do "toca-toca", que está longe de ser a de liderança no seu melhor conceito.

A dificuldade da assimilação dos melhores preceitos de liderança pelas organizações pode ter duas explicações principais: i) a já destacada miopia e resistência às mudanças dos empresários; ii) a pouca objetividade e praticidade dos programas de treinamento de liderança – pecado dos profissionais que atuam em RH.

Um dia, a ficha cairá e os empresários voltar-se-ão para duas questões que vêm negligenciando: a) a que melhora a eficácia dos treinamentos de liderança, traduzida em maiores lucros – a linguagem que gostam de ouvir; b) uma maior ênfase nos resultados por parte da atuação da área de RH ou gestão de pessoas, sua denominação mais apropriada e moderna.

O que mostra a realidade das organizações

Atuei em quase duas centenas de empresas – de numerosos ramos de atividades – e tive oportunidade de realizar cerca de oitenta pesquisas de clima organizacional. Visavam verificar como os empregados, de todos os níveis, sentiam-se no ambiente de trabalho e como percebiam as lideranças e a influência da atuação delas nas relações, na cooperação, na dedicação aos compromissos profissionais, na disposição e no interesse em colaborar para os bons resultados da empresa.

Pesquisas de clima organizacional, tanto nos Estados Unidos como no Brasil, indicam que é grande a desmotivação das pessoas no trabalho. E que uma das três causas principais, entre catorze pesquisadas, é o despreparo das lideranças para lidar com os funcionários.

A realização dessas pesquisas ajudou a fortalecer meu otimismo em relação ao valor das pessoas e ao progresso da sociedade. Ficou sobejamente comprovado que elas não só respondem às pesquisas com seriedade, como também estão sempre dispostas a serem sérias e responsáveis no trabalho.

Os empregados (hoje, cada vez mais, chamados de colaboradores) sabem compreender as dificuldades eventuais das empresas e sempre se dispõem a se adaptar a elas e a colaborar para eliminá-las. Dispõem-se inclusive a aceitar restrições de ganhos e benefícios, desde que as razões lhes sejam bem explicadas.

Pena que grande parte dos empresários ainda carregue a desconfiança – nascida em tempos de atraso – de que os empregados tendem a não ter bom comportamento no trabalho. E, se assim ocorreu no passado, a culpa foi dos "patrões", que tratavam como semi-escravos os que hoje chamam de colaboradores.

As competências de liderança que os gerentes precisam ter ou desenvolver

Tal como fizemos em relação aos pais e educadores, apresentaremos a seguir as competências de liderança necessárias aos gerentes, mas é necessário esclarecer que não serão incluídas as competências técnicas gerenciais típicas, como *planejar*, *organizar*, *orientar* e *controlar* as atividades da sua área de atuação.

Competência de saber lidar com pessoas.

É uma das competências mais importantes para todas as quatro lideranças focadas neste livro. Uma das melhores definições modernas aplicadas aos líderes e executivos das empresas é: "gerenciar é obter resultados por meio das pessoas". Para tanto, os gerentes precisam saber cuidar da qualificação, do interesse e do comprometimento delas – é isso, principalmente, que lhes cabe.

Competência de saber lidar com motivação.

Trata-se de uma parte – muito importante – do item anterior que merece destaque. Falar em motivar pessoas é muito comum, mas saber motivar, ou se empenhar para isso, já não é tanto. Até porque implica entender os principais motivos que levam as pessoas a apresentar diferentes comportamentos. O assunto é tão importante que deveria ser ensinado em todos os cursos de nível superior. Assim como em cursos para aperfeiçoamento dos papéis de pais, que deveriam ser mais difundidos.

É muito importante que pais, educadores, gerentes e líderes comunitários conheçam o básico sobre a teoria de motivação. Os leitores podem encontrar simples e objetivas explicações na Internet sobre a teoria de Maslow, que é a mais conhecida e completa.

Competência de saber conduzir equipes.

A atuação em equipe vem sendo aconselhada e praticada em quase todas as organizações e atividades humanas: nas empresas, nas escolas, nos esportes e até mesmo em atividades de lazer. Significa dizer que gerentes, educadores e líderes comunitários, principalmente, precisam ter isso em mente e aprender ou aperfeiçoar a competência de liderar equipes. Implica aprender algumas técnicas e seguir certas orientações. Recomenda-se que gerentes, educadores e líderes comunitários leiam e/ou façam cursos sobre esse assunto.

Competência de saber obter a participação e envolvimento.

É uma competência que complementa ou reforça a anterior, de saber liderar equipes, mas se aplica também à condução de indivíduos e grupos. É importante lembrar que grupo é diferente de equipe, porque não envolve necessariamente entrosamento entre os membros.

Obter participação e envolvimento é uma forma de aumentar o interesse e a motivação das pessoas nos trabalhos. Consegue-se isso explicando os objetivos e alcance das tarefas, a importância da contribuição das pessoas, os ganhos que todos – empresa, empregados, comunidade, país – terão com os resultados dos trabalhos. Melhor ainda se isso for complementado com formas ou táticas de animar, entusiasmar, energizar pessoas e grupos.

Competência de saber entusiasmar e energizar equipes.

Implica utilizar táticas diferenciadas que vão além de mostrar a importância e os resultados do trabalho, tratado no item anterior, a exemplo de táticas para estimular atuações como formas de desafio e de competição sadia. Pode-se utilizar estímulos com premiações simbólicas (troféus, medalhas e outras condecorações) ou comemorações (jantares, festas etc.).

Em minhas andanças pelas empresas, vi alguns exemplos disso, como: comemorações festivas ao baterem-se recordes de produção; concessão de prêmios (regulamentada) em caso de inovações significativas; reportagens no jornal da empresa sobre desempenho e contribuições de equipes.

Competência de saber criar bom clima de trabalho.

A maioria das pessoas passa grande parte do tempo de sua vida na atividade profissional – uma das razões para que as empresas proporcionem bom ambiente de trabalho, não só pela qualidade de vida das pessoas, mas porque as empresas também ganham com isso, pois pessoas satisfeitas tendem a se interessar mais pela satisfação dos clientes, pelo aumento de produtividade e melhoria dos resultados das organizações.

Criar bom clima de trabalho não significa oferecer amenidades e conforto, nem diminuir ritmo ou compromissos com prazos e custos. Significa ter ambiente higiênico, de camaradagem, de respeito e de valorização das pessoas.

Competência de avaliação e recompensas.

A maioria das empresas se empenha em ter planos de avaliação de desempenho e comportamento e planos de recompensa. Mas os estudos e diagnósticos mostram falhas e deficiências nesse empenho. Muitas vezes, até gastam mais para melhorar os planos e acabam piorando-os. A causa principal: elaboram planos com pessoas despreparadas e/ou os realizam e implantam de forma incompleta e imediatista. Nas dezenas de diagnósticos organizacionais e de satisfação dos empregados que fiz nas empresas, constatei – podem acreditar – que em cerca de 90% delas os planos e sistemas de avaliação de desempenho fracassam, e os planos de salários causam insatisfação aos empregados. Ficou claramente evidenciada a falta de competência na elaboração e gestão desses planos.

■ Saber não ser paternalista em relação aos subordinados.

Essa competência é tão importante para gerentes quanto para pais, pois ambos são os que têm mais chances de conceder bens e privilégios aos liderados. E é fundamental que façam isso com critério, sem mostrar preferência, sem protecionismo. Os efeitos do paternalismo são terríveis nos sentimentos e comportamentos dos empregados que assistem e são prejudicados pelo protecionismo da conduta paternalista.

■ Competência de comunicação.

Problemas de comunicação constituem o fenômeno mais comum em todas as organizações, em todos os ambientes, em todo o mundo. Tinha razão o saudoso animador Chacrinha quando dizia: "Quem não se comunica se trumbica".

A comunicação nos ambientes sociais e de trabalho é uma questão muito mais complexa do que se imagina. São diversas as variáveis que afetam a comunicação: educacionais, técnicas, organizacionais, instrumentais, emocionais. Já testemunhei muitos casos de empresas que espalharam quadros de aviso em suas dependências, introduziram jornalzinho e até intranet, e mesmo assim apresentaram problemas de comunicação. Não é raro ver empresas com boas tecnologias e bons produtos descuidarem de sua imagem externa, revelando negligência e falhas de comunicação.

Quanto maiores e mais complexas as organizações, mais elas precisam cuidar, de forma técnica, estratégica e competente, das comunicações internas e com o mundo exterior.

■ Competência de *feedback*, de modo especial.

Este item muito especial da comunicação trata de um grande causador de problemas de relações pessoais e organizacionais, que geram diversas formas e grandezas de prejuízo.

Constitui uma deficiência visível a ausência de *feedback* na maioria das organizações, muitas vezes por negligência ou comodismo. Mas também por não se ter consciência ou noção da importância dessa prática, ou das conseqüências negativas advindas do pouco cuidado com ela.

Aparentemente, *feedback* parece ser um processo simples. Porém não o é, na medida em que requer autoconfiança, disciplina metódica, consciência do papel e competência emocional por parte de quem deve oferecê-lo. Inclusive disposição para lidar com discordância e desagrado de quem o recebe. Requer também coerência das políticas da empresa para assegurar firmeza por parte de quem dá o *feedback* – condição raras vezes encontrada. Como se vê, o problema é mais complexo do que parece à primeira vista.

O certo é que os empregados ou subordinados gostam ou sentem falta do *feedback*, enquanto os superiores raramente se sentem seguros e preparados para oferecê-lo. E isso é uma das principais causas de problemas de relacionamento e de motivação nas organizações.

É preciso, para melhorar essa prática, desenvolver competências organizacionais, por parte das empresas, e competências pessoais, por parte das lideranças.

Competência de saber elogiar e valorizar as pessoas.

Há um aspecto muito interessante a respeito dessa questão: as pessoas gostam de ser elogiadas e valorizadas, isso não custa nem um tostão a mais para as empresas, nem para os pais e educadores e, no entanto, verifica-se um grande "pão-durismo", digamos assim, em fazê-lo. Qual seria a explicação para isso?

Regra geral, os gerentes – especialmente – dizem que elogiar as pessoas as faz ficar mal-acostumadas, relaxar e diminuir o empenho. Trata-se de um grande engano; isso pode acontecer com algumas pessoas. O efeito na maioria será, com certeza, altamente benéfico.

Mas vai aqui um alerta: não vamos exagerar, inflacionar a prática e sair por aí elogiando todos a torto e a direito. Os elogios precisam ser feitos em momentos oportunos e de forma dosada.

Competência para delegar e responsabilizar.

Muitas funções dispensam presença constante e interferência dos gerentes. Surtirá melhor efeito motivacional, melhor ambiente de trabalho e provavelmente melhor produtividade se os gerentes deixarem os funcionários atuarem com mais liberdade. Devem se limitar a fornecer os recursos, estimular a atuação, supervisionar o trabalho na verdadeira acepção da palavra, acompanhar os resultados e dar o conveniente *feedback*.

▪ Competência de punição.

Sim, essa competência também é necessária. Nem tudo são flores. Nem todas as pessoas têm bom comportamento, por mais que se faça para isso.

Aqui, porém, também é preciso competência. É preciso punir com fundamento, firmeza e critério.

Mais algumas observações

▪ Se você, leitor, for convidado ou pretender assumir cargos gerenciais, prepare-se – este livro oferece muitas dicas para isso – e você verá como é compensador ser competente em liderança.

▪ E a você, diretora ou diretor, sugiro que busque melhorar os processos de admissão, promoção e carreira de gerentes em sua empresa.

▪ Ninguém pode duvidar de que a motivação das pessoas interfere diretamente na produtividade, no lucro e na imagem da empresa, razão pela qual as organizações devem fazer de tudo para desenvolver as competências das lideranças voltadas para a motivação dos empregados.

▪ O desenvolvimento de competências de liderança não se faz com um ou dois cursos genéricos. Precisa ser um programa objetivamente definido e continuado, por duas razões principais: i) a competência de liderança constitui-se de muitos itens; ii) é necessário um grande esforço para mudar as culturas negativas de direção e comando autocrata e paternalista.

As competências requeridas aos LÍDERES COMUNITÁRIOS

A figura do líder comunitário vem crescendo e adquirindo maior importância nos últimos tempos. Ela surge e se destaca em ambientes sociais restritos, como em associações de bairros, de ruas, em condomínios e também agremiações esportivas e culturais, podendo ser incluídos aqui os líderes de associações profissionais, que existem em grande quantidade.

É cada vez maior o número de comunidades que sabem se organizar para cuidar de seus interesses, e essas lideranças têm surgido com certa facilidade.

A importância social do líder comunitário tende a crescer, considerando estes três pontos: i) verifica-se uma evolução social mais direcionada para a organização de bairros ou comunidades; ii) aos poucos vamos nos conscientizando de que os governos não podem tudo, e cabe à sociedade cuidar de muitas questões de seu interesse; iii) e, talvez por isso mesmo, a consciência de cidadania está aumentando positivamente.

Mas o líder comunitário não deve ter apenas a função de ajudar a resolver problemas complementares aos da responsabilidade dos governos. Deve também estimular e apoiar atividades culturais e recreativas, de forma a incentivar a realização de festas e jogos, promover outras oportunidades de melhorar relações sociais, liderar mutirões e campanhas para beneficiar a comunidade. Podem também ser acrescidas missões especiais de proteção aos membros da comunidade contra ameaças externas de vários tipos.

Líderes comunitários são em geral voluntários, poucas vezes remunerados por sua atuação. Constituem suas recompensas principais a satisfação de servir ao bem comum e o reconhecimento pelo trabalho. Nada impede, contudo, que essa liderança possa ser profissionalizada.

As competências que o líder comunitário deve ter ou desenvolver

Algumas delas são semelhantes àquelas requeridas das outras três lideranças, descritas anteriormente.

Vejamos:

■ Saber liderar iniciativas e movimentos sociais.

Esta é a competência fundamental ao líder comunitário. Saber sensibilizar e arregimentar o pessoal para causas e solução de problemas de interesse do bairro, do distrito ou das associações, bem como organizar grupos e planos de ação.

■ Saber levantar necessidades e criar interesses para objetivos e bens comuns.

Mostrar-se sensível às necessidades e interesses da comunidade. Saber identificar soluções ou respostas para essas necessidades e, complementarmente, reunir a comunidade em torno da busca pelas soluções.

■ Mostrar espírito empreendedor.

Essa competência é requerida de modo especial ao líder comunitário, pois seu papel tem muito que ver com a busca por melhorias e com a solução de problemas.

■ Saber comunicar-se e promover comunicações necessárias.

Já vimos anteriormente a importância da comunicação para as relações pessoais e sociais. Esta competência é particularmente importante para o líder comunitário.

Do ponto de vista pessoal, precisa saber mostrar uma virtude sua, particular, de cuidadoso e eficiente comunicador. E, do ponto de vista de seu papel, sabendo criar situações para que as comunicações se efetivem ou fluam bem, de várias maneiras ou em várias direções, na comunidade. Por exemplo, estimulando a criação de murais, de jornal de bairro, realizando palestras e debates, entre outras iniciativas.

■ Mostrar muita habilidade de relacionamento.

O famoso milionário John D. Rockefeller teria dito que o principal fator de seu sucesso foi seu empenho e habilidade de relacionamento. É preciso desenvolver competências para o sucesso nos relacionamentos; e, para isso, precisamos desenvolver algumas virtudes, todas ou a maioria delas já citadas nas relações de competências de pais, educadores e gerentes. Exemplos de competências que ajudam a alcançar êxito nos relacionamentos: empatia, habilidades de comunicação, bom humor, espírito de colaboração, autocontrole emocional e outras.

■ Saber definir prioridades.

Esta é também uma competência importante, uma vez que a maioria das ações pessoais é movida por impulsos ou ímpetos, o que resulta, muitas vezes, em se dedicar ao urgente e não ao mais importante. Já disse alguém famoso que nem tudo que é urgente é importante. No caso da solução de problemas comunitários, é fundamental definir prioridades.

▪ Saber ser neutro e imparcial nas posições.

Para que sua figura seja valorizada e respeitada, é importante que o líder comunitário mantenha-se o mais neutro possível, e evite: priorizar questões individuais, o protecionismo e envolvimentos particulares em detrimento de causas maiores e mais abrangentes.

▪ Ser otimista e alegre.

Esta é uma postura desejável a todas as lideranças, e os líderes comunitários devem procurar contagiar as pessoas com essas duas formas de ser. Otimismo e alegria animam; pessimismo e tristeza provocam baixo-astral, desanimam. Tive a sorte de ouvir o depoimento do italiano Maestro Magnani, que vivia em Belo Horizonte nas décadas de 1960/70, relatando sua experiência como comandante de um batalhão na última Grande Guerra. Disse que, no momento em que sentiu a tropa desanimar, começou a cantar uma música que a entusiasmou e levou-a à vitória.

■ Mostrar-se disponível.

Atitude fundamental para o líder comunitário. Precisa estar disposto a atuar ou agir em horários que favoreçam reunir e obter participação do maior número possível de pessoas. Requer saber administrar o tempo, conciliando família e ações na comunidade.

As competências comuns aos quatro líderes

Cabe destacar as importantes competências de liderança que são comuns às quatro figuras destacadas aqui:

- *Saber lidar com as diferenças individuais.*
- *Saber comunicar-se.*
- *Saber inspirar confiança.*
- *Saber influenciar e convencer.*
- *Saber ser neutro e imparcial.*
- *Ser coerente nas atitudes.*
- *Saber apoiar e incentivar.*
- *Saber valorizar adequadamente as pessoas.*
- *Mostrar autocontrole emocional.*
- *Ser empático com sentimentos e expectativas das pessoas.*

6

Outros tipos de liderança social

Neste capítulo, faremos uma rápida referência a outras formas de liderança também importantes na sociedade. As de pais, educadores, gerentes e líderes comunitários foram destacadas pelo critério de abrangência, de universalidade. Com a leitura das características das lideranças relacionadas adiante, certamente os leitores perceberão a razão do critério de divisão dos dois grupos.

E – por que não dizer também? – aqueles que exercem os papéis a seguir podem ser pais, educadores, gerentes ou líderes comunitários. Assim, podem ser considerados igualmente ou até mais polivalentes.

Líder mentor

É um papel de liderança voltado à orientação de pessoas em situações mais específicas. O líder mentor age principalmente como conselheiro, como quem faz sugestões e incentiva atitudes de mudança e ações de melhoria. É uma orientação um pouco diferente das de outros tipos de líderes, especialmente no que se refere a compromissos com resultados. O líder mentor atua mais com indivíduos do que com coletividades.

As palavras-chave de sua atuação são: aconselhar, sugerir, estimular, apoiar.

Gerentes, pais e professores devem, em ocasiões apropriadas, agir como mentores de subordinados, filhos e alunos. Qualquer pessoa também pode ser líder mentor na condição de amigo.

Líder *coach*

Ou simplesmente *coach* é uma expressão que costumamos ver em filmes americanos, referindo-se à figura do técnico, nos diversos esportes, principalmente coletivos: futebol, basquete, vôlei etc. Aqui, a expressão tem um significado maior de *treinador*, que prepara equipes para disputar e vencer jogos.

Em tempos nos quais a própria função do treinador de esportes evolui para incluir também os papéis de orientador, apoiador e estimulador, o líder *coach* acaba incorporando a função de líder mentor – e deve mesmo fazê-lo. Mas a recíproca não é verdadeira: líder mentor não se dedica a ensinar, treinar, dirigir. São dois papéis diferentes.

Líder social

O líder social diferencia-se um pouco dos demais por buscar influenciar as pessoas ou uma coletividade com

• AS 4 PRINCIPAIS LIDERANÇAS DA SOCIEDADE E SUAS COMPETÊNCIAS 83

crenças e idéias, visando seu engajamento em movimentos de alcance social e político (cidadania, ecologia, ética governamental, fortalecimento da democracia, valores espirituais, entre outros assuntos importantes).

Martin Luther King, Gandhi e Nelson Mandela são exemplos de líderes sociais que conduziram grandes populações a importantes conquistas sociais em seus países. Entretanto, como sabemos, trata-se de líderes excepcionais.

A característica de liderança carismática cai bem para o papel de líder social. O líder carismático tem, afinal, grande capacidade de influenciar e causar forte impacto nas pessoas e platéias, seja pelo modo mais exuberante de falar, pela capacidade de dramatizar suas falas ou mensagens, pelas características das mensagens que transmite, seja pelos exemplos que dá à sociedade com suas ações. Cabe lembrar ainda que este tipo de líder – competente para influenciar pessoas – pode também causar grandes estragos na humanidade, como fizeram Hitler, Mao Tsé Tung, entre outros.

Líder espiritual

Tal como o líder social, busca atingir, com sua influência e eloqüência, grandes populações.

Volta-se mais a difundir crenças em doutrinas religiosas, filosofias de vida, valores éticos, assim como interesses por questões estéticas – aquelas relacionadas com as belezas da natureza e das artes.

O líder espiritual tem por missão desprender as pessoas ao menos um pouco das tarefas imediatistas da vida material e, assim, fazê-las penetrar em esferas menos terrenas, mais transcendentais, mais próprias do espírito, enfim.

Os indivíduos têm grande necessidade de satisfazer seu lado espiritual – que, aliás, mais distingue o ser humano dos animais –, razão pela qual procuram freqüentar igrejas e outras entidades que lidam com crenças espirituais. Motivo pelo qual, também, tantos livros de auto-ajuda são escritos e lidos.

Líder facilitador

Trata-se de uma figura nova, em crescimento nas organizações, que poderá se estender por outros setores da sociedade.

As empresas precisaram racionalizar suas estruturas a fim de tornarem-se mais econômicas, eficientes e ágeis. Exigência de tempos de muita competitividade.

Como resultado dessa nova realidade, muitas empresas estão criando a figura do líder facilitador, que tem o papel de ajudar na organização e no gerenciamento das atividades de determinada área.

Deve ser caracterizado como um *líder informal*, um colaborador da gerência. Sua posição não requer colocar a "caixinha" no organograma da empresa. O título da função pode ser o do seu cargo, acrescido da palavra facilitador (líder facilitador mecânico ou líder facilitador analista de sistemas). Seu salário, entretanto, deve de fato ser maior do que o dos profissionais de seu cargo que não são facilitadores.

O líder facilitador "põe a mão na massa", ou seja, ajuda a liderar a equipe sem deixar de cumprir as tarefas do seu cargo técnico especializado.

Liderança compartilhada e liderança situacional

Segundo a idéia predominante de liderança, ela é sempre exercida – em determinada área, equipe ou circunstância – por uma só pessoa e de cima para baixo, ou de um para muitos.

Essa noção não combina, entretanto, com a visão moderna de liderança. E nem combina com a mais recente idéia de liderança competente. A visão moderna sugere que o líder compartilhe sua função ou papel com sua equipe, formando subgrupos para cuidar de tarefas especiais ou específicas e designando líderes para elas, inclusive de forma rotativa ou alternada.

Um líder moderno e competente – mesmo dentro de empresas ou organizações estatais – pode até, em determinados projetos ou situações de trabalho, não apenas dividir a liderança com pessoas da equipe, como também passar a liderança de sua área a um subordinado. Esta forma eventual de liderança deve ser exercida por alguém tecnicamente mais preparado ou mais experiente do que o responsável pela área de trabalho.

Não significa perder autoridade

Essa transferência eventual ou circunstancial de responsabilidade não será entendida pela equipe como fraqueza ou perda de autoridade. Muito pelo contrário. É mais provável que o líder e os gerentes se tornem ainda mais respeitados e admirados por essa atitude.

Fazer isso bem é, na verdade, uma competência.

O envolvimento e a participação dos liderados ou subordinados deve ocorrer não somente em casos de execução de tarefas ou implementação de projetos, mas também quando for necessária a opinião da equipe sobre decisões que o líder principal precisa tomar e ações que pessoalmente deve empreender.

Não é preciso saber tudo

É ingênua a idéia de que líder e gerente precisam saber tudo ou saber mais do que liderados ou subordinados; principalmente em áreas ou atividades que abrangem várias especialidades. Tem sido ampliada e fortalecida a idéia de que os líderes ou gerentes principais devem ser predominantemente generalistas e contar com especialistas na equipe, o que significa dizer que precisarão buscar sugestões e apoio de liderados com alguma freqüência. E estimular a presença de lideranças técnicas é uma boa idéia.

Os líderes ou gerentes precisam – para serem respeitados e terem seus valores reconhecidos pela equipe – mostrar-se autoconfiantes, firmes e coerentes nas atitudes, tratando a todos com respeito e sentido de justiça. Devem evitar privilegiar, beneficiar ou proteger alguém, e, por outro lado, também não aceitar e apoiar atitudes de quem gosta de agradar e bajular a fim de receber recompensas.

Ações como essas podem bastar para fazer das pessoas líderes e gerentes competentes (não devemos nos esquecer da necessidade de melhoria contínua). Mas não há aqui a sugestão de que não devem, também, ter o domínio técnico das atividades e tarefas principais de sua área. Apenas não podem *gostar de executar mais do que gerenciar*, ou pretender *concorrer tecnicamente* com os liderados ou subordinados. Corre-se o risco de jogar por terra toda a respeitabilidade conquistada.

Liderança situacional

A idéia de liderança situacional tem mantido prestígio desde seu surgimento, no final da década de 1960 e início de 1970, mostrando ser uma eficaz e competente forma de atuação de líder ou gerente. Implica mudanças na forma de agir, ou no estilo de atuar, em diferentes situações.

> A propósito, cabe lembrar aqui uma antiga teoria de liderança que classifica os gerentes em três tipos: *autocrata* (o mandão, autoritário), *democrata* (o que envolve e busca a participação dos subordinados, da equipe), e o *laissez-faire* (o que não assume, é negligente e omisso).

Líder situacional é aquele que *sabe e se dispõe a mudar de estilo* de acordo com as variações de situação. Ora precisa ser autocrata, ora democrata, e, às vezes, *laissez-faire*, deixar outros assumirem – sem ser omisso ou desinteressado, evidentemente. Em qualquer situação de liderança ou gerência, em diferentes circunstâncias de trabalho ou do projeto, deve variar entre esses estilos.

Um bom exemplo é o de comandante do Corpo de Bombeiros. Quando a equipe está no quartel esperando a ocorrência de incêndios ou outros sinistros que requerem sua intervenção, pode predominar o estilo de liderança democrático, participativo. Mas em situações de emergência, que requeiram ações rápidas e arriscadas, o comandante precisa adotar um estilo mais diretivo, até mesmo autocrata. E, em momentos de relaxamento e lazer, pode ser conveniente adotar o jeito *laissez-faire*.

Este exemplo do Corpo de Bombeiros se aplica à maioria das organizações. Acontecem nelas também situações de mais calma e tranqüilidade, assim como situações de urgência e de emergência, sugerindo diferentes estilos de liderança e direção.

Outros exemplos de liderança situacional

- Um gerente de produção de uma fábrica pode adotar um *estilo participativo* ao fazer inspeções e reuniões de controle; um *estilo mais impositivo e exigente* em situações de crises ocasionais, quando precisa cumprir metas e prazos rigorosos; e um *estilo apoiador* nos momentos em que deve cuidar do estímulo da equipe.

- Um pai deve adotar diferentes posturas – mais *carinhosas*, mais *estimuladoras* e *orientadoras*, ou mais *rigorosas* e *impositivas* – dependendo da idade dos filhos, dos problemas que apresentam, ou ainda do tipo de apoio de que precisam.

- Técnicos de futebol, vôlei, basquete ou de qualquer outro esporte agem da mesma forma *democrata e participativa*, ou *diretiva e impositiva*, dependendo da situação: reunião, treinamento, ocorrência do jogo, ou ainda em conversas individuais.

Há quem chame essa atitude de flexibilizar a forma de atuar, de acordo com as circunstâncias, de jogo de cintura. É, sem dúvida, uma competência.

8

Todos podem ser líderes polivalentes

Sobre o fato de que todos nós podemos ser líderes, talvez não paire mais dúvida. Estímulos para a adoção de diferentes estilos já foram dados. Tratemos agora desta questão: como e quando podemos ser líderes polivalentes?

Usando uma expressão do futebol: como podemos jogar em várias posições de liderança, alternadamente?

Destacamos o conceito de liderança polivalente daquele de liderança situacional, a fim de ampliar a idéia das múltiplas possibilidades de atuarmos como líder. Há uma diferença um tanto sutil entre os dois conceitos. No primeiro, sobressai a idéia de *adaptação* do líder a diferentes realidades de vida ou trabalho. Já na liderança situacional, destacam-se as noções da *variada possibilidade* e do *estímulo* para a prática da liderança multifuncional. Neste segundo caso, afirma-se que as pessoas queiram ou devam *ser versáteis* no exercício da liderança.

Ser líder polivalente é atuar simultaneamente em duas ou mais das seguintes maneiras:

- *Como autoridade designada voltada a dirigir, coordenar, supervisionar, orientar e estimular o trabalho ou atividade de outros. Em qualquer tipo de organização.*
- *Nos papéis de pai e/ou educador passando experiência, orientando ações, sugerindo comportamentos, oferecendo apoio.*

• AS 4 PRINCIPAIS LIDERANÇAS DA SOCIEDADE E SUAS COMPETÊNCIAS   95

- *Influenciando outras pessoas, voluntariamente ou por solicitação, com sua melhor visão de sociedade, de vida e de mundo.*

- *Adotando posturas de abrir os olhos, mostrar caminhos ou encorajar outras pessoas em circunstâncias diversas.*

- *Exercendo influência sobre outros pelo bom exemplo de suas ações e comportamentos.*

- *Sendo orientador ou guia de qualquer ação conjunta, em qualquer tipo de atividade.*

- *Posicionando-se à frente de movimentos ou atividades de caráter político, religioso, social ou científico.*

- *Atuando como dirigente principal de qualquer organização ou entidade.*

- *Atuando como representante de uma entidade em um fórum específico, ou como representante da bancada de um partido político ou do governo no plenário.*

Então, caros leitores, vocês identificaram de quantas formas já atuam ou podem atuar como líderes na sociedade?

Conheço diversas pessoas que confirmam essa tese, mas é marcante o exemplo de uma delas, que me faz sempre lembrar desta idéia. Embora seja muito tímida e recatada, ela se mostra muito interessada em participar na sociedade, sendo membro atuante de vários grupos comunitários e profissionais. Estimulei-a a se enquadrar nos itens acima, dos quais apontou cinco das nove possibilidades. A prova disso é que se mantém como organizadora permanente das atividades de vários grupos, e todos respeitam e admiram suas opiniões e atitudes. Todos estamos acostumados a solicitar e esperar que assuma a liderança de causas e projetos importantes e interessantes.

E não se trata de um exemplo raro. Se uma maior quantidade de líderes deste tipo passa despercebida, com certeza é por falta de oportunidades.

Aqui poderíamos usar aquela frase popular: "Quem procura, acha". Caso esteja disposto a descobrir sua policompetência, procure participar mais de atividades sociais.

Pode haver diferentes razões psicológicas para que pessoas desejem ser participativas. Não importa se estão buscando compensar frustrações ou se querem colocar suas energias para fora. O que se quer destacar aqui é o efeito e não a causa; a importância do papel e não os motivos que levam alguém a exercê-lo.

Ou, em outras palavras, pretende-se destacar aqui as possibilidades de as pessoas contribuírem para uma sociedade melhor, assim como de aumentarem seus momentos de realização e satisfação de viver.

Uma sugestão final: ao perceber pessoas com potencial de liderança e com disposição ou vontade de aplicá-lo, deveríamos estimulá-las a participar, tomar iniciativas, empreender, de alguma maneira, na sociedade. Ainda que como voluntárias em atividades sociais.

As pessoas serão mais felizes e a sociedade agradecerá.

9
As inconveniências do paternalismo

Paternalismo é expressão muito usada nas organizações para indicar uma forma de tratamento da diretoria ou da gerência na relação com os funcionários. Tratamento inconveniente, que seja dito logo de início, e que é mais próprio da liderança autocrata, além de se valer de barganha, freqüentemente pouco explícita ou um tanto velada. Concede-se alguma coisa, algum benefício, alguma ajuda subentendo-se algum retorno ou compensação da parte do funcionário – lealdade, bom comportamento, fazer hora extra quando necessário etc.

O caro leitor certamente já viu ou já passou por isso, não?

O paternalismo inspira-se numa forma ainda predominante de os pais negociarem com os filhos a concessão de algo em troca de determinado comportamento. Essa negociação é às vezes clara, às vezes subentendida. Por exemplo, o pai promete que dará o presente desejado no Natal, desde que o filho tire boas notas na escola e/ou não repita suas travessuras domésticas.

Um exemplo também comum dessa troca, nas organizações, é o do chefe que dá a entender ao subordinado que um pedido de aumento para ele dependerá de seu trabalho duro e da pontualidade. Não são raros os casos em que essa proposta de troca ou compensação vem acompanhada de um tom um tanto ameaçador.

Esse comportamento paternalista é tão comum que pode parecer normal ou natural. Não é. Do ponto de vista educativo e de relações, é muito negativo e prejudicial, especialmente por se tratar de uma prática predominante. Se fosse apenas eventual, não haveria motivo para preocupação.

Lá vem esse autor com teoria, você deve estar pensando.

Mas não falamos aqui de teorias vagas ou genéricas, que mostram alguma possibilidade remota. Falamos de uma evolução que poderá gerar grandes e imediatos benefícios para todas as organizações da sociedade, sem depender de leis ou de governos.

E por que o paternalismo é tão indesejável assim? Porque cria uma relação inconveniente, uma espécie de cumplicidade entre pais e filhos, educadores e alunos, gerentes e subordinados, que resulta negativa para a formação e o comportamento das pessoas – primeiro nos lares e nas escolas, e depois transportada para as empresas e instituições de governo.

Quem sabe os dois argumentos a seguir poderão ajudar a abrir os olhos de educadores, gerentes e pais que ainda não descobriram a conveniência de não barganhar concessões com deveres, e de às vezes dizer *não* com naturalidade.

- As pessoas precisam acostumar-se, desde cedo, com a idéia de que temos muitas limitações. E isso é muito bom para alimentar a motivação para a vida e o desenvolvimento.

- Condicionar o cumprimento de deveres normais de filhos, subordinados e alunos à concessão de algum ganho material ou promoção, como uma troca, é uma prática que gera caráter e comportamento socialmente negativos. Melhor estimular as pessoas a serem recompensadas por suas qualidades e esforço, o que educacionalmente é muito mais positivo.

Mesmo que isso lhes exija cansativas explicações e posturas firmes, é necessário que esses líderes resistam à tentação de fazer concessões em troca de deveres. Explicando as razões negativas e adotando postura firme, pais, gerentes e educadores estarão favorecendo a efetiva educação e desenvolvimento de personalidade sadia.

OK, você poderá dizer que não é fácil, não foi acostumado assim, que os filhos, subordinados ou alunos dirão que os colegas conseguem... Mas valerá a pena mudar. Toda a sociedade ganhará com isso quando boa parte dos líderes em questão deixar de ser predominantemente paternalista e se tornar mais "profissional".

Já há sinais de alguma evolução neste tipo de relação menos paternalista nas empresas. Estão, por sinal, sempre à frente nas mudanças ou evoluções organizacionais e comportamentais aplicáveis também às escolas e às famílias, em virtude do seu interesse econômico imediatista.

Portanto, o paternalismo como regra de conduta é inconveniente, uma postura fundamentalmente deseducativa. Prejudica a personalidade e o comportamento das pessoas, além dos ambientes nas empresas, nas escolas e nos lares.

10

As características da personalidade humana

É muito importante sabermos um pouco sobre as diferentes características de personalidade dos indivíduos.

A dificuldade maior das quatro lideranças – pais, educadores, gerentes e líderes comunitários – está em entender e lidar com as diferenças comportamentais, que resultam de três também diferentes causas: i) características de personalidade; ii) variações emocionais; e iii) influência de fatores sociais.

As características da personalidade e as variações da emoção são fatores internos às pessoas. Os fatores sociais, externos a elas. Estes, aliás, são igualmente difíceis – não tanto para entender, como no caso dos internos –, pois está fora da nossa capacidade individual resolvê-los.

Conhecer é saber

É verdadeira a premissa segundo a qual quanto melhor entendemos as razões de uma situação, melhor sabemos lidar com ela. Desenvolver a competência de saber compreender e lidar com as diferenças de personalidade e de emoções é indispensável. Mais do que o lado intelectual, são a personalidade e as emoções que mais dificultam as relações entre pessoas.

E não existem ainda treinamentos objetivos e regulares direcionados à importante finalidade de ensinar a lidar com as diferenças individuais. Essa questão é tão importante que seus fundamentos básicos deveriam ser lecionados nas escolas, razão pela qual este capítulo apresenta algumas informações básicas para ajudar as quatro lideranças a entenderem um pouco melhor os fatores que interferem no comportamento humano e, assim, poderem exercer melhor seus papéis.

Dificuldade de liderar ou dirigir pessoas: três razões especiais

A seguir, as principais razões que dificultam a liderança de pessoas, seja individualmente ou em equipes:

i) Fatores relacionados com a personalidade

As pessoas têm comportamentos diferentes em função de diversos fatores internos de personalidade:

- *Variedade de constituição física/fisiológica.*
- *Temperamentos diferentes.*
- *Aptidões distintas.*
- *Diferentes habilidades desenvolvidas ao longo da vida, dependendo das situações, dificuldades e dos desafios encontrados.*

- *Necessidades psicológicas distintas em diversos momentos e situações.*

- *Inteligência desenvolvida de forma e em quantidade diferentes, dependendo do ambiente familiar, da qualidade do ensino e das circunstâncias de vida social e profissional.*

- *Comportamentos distintos nas variadas fases de idade (lembremo-nos das diferenças de comportamento entre crianças, adolescentes e adultos).*

ii) Fatores relacionados com as emoções

As pessoas mostram diferentes comportamentos também em função de outra categoria de fatores internos, as emoções, as quais manifestam em formas e doses diferentes:

- *Orgulho.*

- *Vaidade.*

- *Ciúme.*

- *Ansiedade.*

- *Medo, insegurança.*

- *Irritação, raiva.*

- *Decepção.*

- *Outros.*

São comportamentos reais e inevitáveis, que dificultam as relações humanas.

iii) Fatores ligados ao ambiente externo

As pessoas têm seu comportamento bastante influenciado por fatores de natureza externa ou social:

- *Recebem educação familiar diferente.*
- *Possuem idéias diferentes por influências sociais e culturais diferentes.*
- *Podem ter seu comportamento influenciado por idéias ou doutrinas políticas distintas.*
- *Trabalham em condições físicas e sociais diferentes.*
- *Passam por freqüentes problemas de relações familiares.*
- *Enfrentam diversos problemas sociais e econômicos.*
- *Possuem crenças religiosas diferentes, que também influenciam seu comportamento.*
- *Condições climáticas afetam seu comportamento.*
- *Fatores de natureza tecnológica (como Internet e celular).*

É provável que a maioria dos leitores não conhecesse a fundo a dificuldade de lidar com as pessoas.

Implicações para as lideranças

Além de se conscientizarem devidamente quanto à dimensão e complexidade do problema, as lideranças devem buscar, por conta própria ou com auxílio de outros, assessoria ou orientação de especialistas, leituras e treinamentos, a fim de adquirir uma melhor capacidade para lidar com as diferenças de personalidade e o lado emocional das pessoas.

Uma outra iniciativa que pode ajudar bastante a entender e saber lidar melhor com pessoas é conversar, trocar idéias e experiências com superiores, amigos, colegas, vizinhos; de modo especial com os que sejam estudiosos ou interessados no comportamento humano.

Verifica-se também o crescente surgimento de revistas especializadas que tratam do assunto, ou revistas de assuntos gerais com seções especializadas em comportamento humano. Cresce também o número de programas de televisão que promovem debates a respeito de algumas dessas questões. Pena que não estejam ainda ao alcance de um público maior, por causa do horário ou por serem apresentados em canais alternativos ou pagos.

Fica aqui a sugestão e o estímulo para as pessoas e entidades que atuam com treinamento: desenvolverem, implementarem e divulgarem mais programas de aperfeiçoamento pessoal, visando aprender a lidar e a entender os motivos das variações de personalidade e de comportamento emocional.

Desenvolver esta competência ajudará muito os pais, educadores e gerentes, principalmente.

E vai aqui, para finalizar, a indicação destacada de algumas competências específicas em que devemos nos focar a fim de lidar melhor com as características ou diferenças individuais das pessoas: *desenvolver a capacidade de percebê-las e distingui-las; ter ou desenvolver autocontrole emocional para lidar melhor ou conviver com elas; saber inspirar confiança para oferecer apoio e aconselhamento; saber mostrar empatia em relação às dificuldades das pessoas; saber lidar com conflitos pessoais*, entre outras.

11

Simpatia ou empatia, o que é mais importante?

Considerando a fama e a popularidade que possui, se pudermos dizer assim, a simpatia ganha disparado. Mas, se examinarmos bem os efeitos que causam nas pessoas, a empatia tende a arrebatar muitos adeptos.

Estamos mais acostumados a dizer: tenho simpatia por aquela pessoa. Raramente se vê alguém dizendo: tenho empatia por fulano ou sicrano.

Talvez porque a simpatia seja mais visível, mais fácil de ser percebida, mais "política" até. Talvez porque seja mais fácil ser simpático, e porque a simpatia seja mais ensinada nos cursos de relações humanas. São diversas, portanto, as razões do destaque social à simpatia.

As características da empatia

A empatia é uma atitude discreta, recatada e mais silenciosa. Manifesta-se (ou deveria manifestar-se) mais em situações de relacionamento em que a outra parte, indivíduos ou grupos, esteja preocupada, angustiada, infeliz. Sempre que outros precisam de algum apoio moral ou espiritual, de solidariedade ou ainda de reconhecimento.

Mas cabe dizer que manifestações superficiais ou fingidas não demonstram empatia. E, na maioria das vezes, quem as recebe capta a superficialidade ou pouca sinceridade do gesto.

> Uma das evidências de que exercemos pouco a empatia: a maioria das pesquisas de clima organizacional que tive a oportunidade de realizar, em cerca de sessenta ambientes de trabalho, mostra que uma das maiores carências das pessoas ocorre pela falta de atenção aos seus sentimentos e de manifesto reconhecimento de suas virtudes e valores.

Na demonstração de simpatia, as pessoas estão muito interessadas nelas próprias, nos benefícios que podem usufruir das relações interpessoais. Na manifestação de empatia, não há tanto interesse em retorno ou recompensa; é uma demonstração de carinho ou amizade, mais espontânea e sincera.

Vendo de outro ângulo, a atitude de empatia é mais precisamente uma manifestação sincera de compreensão, de compartilhamento, de solidariedade, de apoio moral e espiritual a outras pessoas.

Explica-se, assim, por que ter empatia é *saber colocar-se no lugar de outra pessoa*. É saber ouvi-la, compreender seus sentimentos, suas razões, suas dificuldades.

Os momentos mais apropriados para mostrar empatia são, de um lado, na conquista de resultados ou vitórias como fruto de esforço; de outro, em momentos de preocupação, de dificuldades, de sofrimento ou abalo por algum motivo.

A simpatia também tem o seu valor

Muitas razões solicitam e justificam o gesto simpático, como melhorar os relacionamentos sociais, a qualidade das convivências e dos atendimentos profissionais, os relacionamentos comerciais e diplomáticos.

Podemos obter boa receptividade e simpatia de outros sendo agradáveis, delicados, corteses, alegres, espirituosos. A simpatia favorece a aproximação e a convivência entre pessoas e é, numa visão mais ampla, importante para o aperfeiçoamento da coexistência social.

Embora não baste, ela ajuda a conquistar e manter a amizade e o amor de outras pessoas. Isso se aplica também às relações entre superior e subordinado.

A razão do destaque

Em virtude do seu ainda insuficiente prestígio social, enfatizamos aqui a importância da empatia. E este é um argumento que precisa ser vigoroso: é a empatia – bem mais do que a simpatia – que **assegura** a conquista de *afeição, estima, respeito, amizade*; que contribui para uma afinidade maior, ou mais profunda, nas relações entre pessoas.

A manifestação de empatia pode ser uma boa ajuda a oferecer para a ansiedade, a aflição, a insegurança, o medo, a timidez ou a solidão dos outros. Ou seja, a empatia tem algo como uma função terapêutica.

A empatia é fator essencial para segurar mais a amizade e sustentar o amor – duas das principais e muito significativas relações entre os indivíduos.

Aplicando ao tema central

Desenvolver e manifestar empatia é de fundamental importância para as quatro funções e/ou papéis principais de liderança na sociedade: pais, educadores, gerentes e líderes comunitários. Assim, não apenas cumprem bem suas missões ao lidar com os liderados, mas também conquistam sua afeição, admiração e respeito.

Agindo com mais empatia, os líderes conseguirão maior disposição, envolvimento e empenho dos liderados no alcance dos objetivos que têm em vista, seja no trabalho, seja na família, nas escolas, na comunidade ou na amizade.

Destaque à parte, a qualidade das relações humanas e sociais será mais robusta e geradora de bons resultados se puder incluir ambas, a simpatia e a empatia.

12

Em qual geração você se enquadra?

Outra competência especial que as quatro lideranças precisam desenvolver é a de entender mais claramente as diferentes características das três gerações de pessoas que convivem no mundo atual: *baby boomers, geração X* e *geração Y*.

Por qual razão?

Porque, ao saber distingui-las, pais, educadores, gerentes e líderes comunitários desempenham melhor seus papéis. Tornam-se ainda mais competentes na análise de comportamentos sociais, de modo amplo, e de seus parentes, alunos e liderados, de modo específico.

As gerações estão mudando suas características muito rapidamente nas últimas décadas. Mostraremos as características das três que já podemos identificar mais claramente, contudo já desponta uma nova geração, a das crianças nascidas entre o final dos anos 1990 e o início dos anos 2000.

É possível notar quanto os adultos sentem e não escondem suas dificuldades em lidar com as gerações mais novas.

Vamos às características

Existem diversas tentativas de distinguir as características das três gerações que coexistem no mundo desde a

Segunda Guerra Mundial. A classificação a seguir resulta das referências que obtive com pesquisas, recolhendo textos esparsos e conversando com pessoas que tinham condições de contribuir com fundamentos. Embora essa afirmação possa parecer pretensiosa, é provável que seja inédita a organização do assunto tal como apresentada a seguir. Há pequenas variações em relação aos anos que as dividem.

Geração *baby boomer* (nascidos entre 1945 e 1968)

- Preocupam-se mais com o cavalheirismo.
- São mais otimistas, até porque cresceram numa época de mais tranqüilidade social e grande desenvolvimento econômico.
- Regra geral, são mais acomodados e dependentes, e menos ousados e espontâneos.
- Gostam de situações seguras, de estabilidade.
- São mais conservadores e apresentam comportamentos padronizados.
- São menos apegados às tecnologias.
- Valorizam as carreiras longas.
- São mais disciplinados no trabalho, têm alto sentido de dever e mostram-se bastante leais às instituições.

- Gostam da ordem, da formalidade e da uniformidade.
- Aceitam e valorizam o poder hierárquico.
- São mais demorados nas decisões.
- Tendem a ser mais individualistas, ter menos sentido de equipe.
- As lideranças são mais autocratas e centralizadoras.
- Não se importam muito em dar nem em receber *feedback*.
- Apresentam mais dificuldades de lidar com questões íntimas, especialmente sexuais.

As pessoas desta geração costumam ser vistas pelas gerações seguintes como "quadradas". E é marcante a tendência e a existência de conflitos dos *boomers* com os Xs e Ys.

Ao final da geração *baby boomer*, mas já introduzindo a geração seguinte, vieram os Beatles, os *hippies*, os Bee Gees e o James Bond.

Geração X (nascidos entre 1965 e 1980, aproximadamente)

Esta geração cresceu num mundo em transformação, em que pais trabalhavam fora, crescia o *fast-food* etc.

Eis as suas características principais:

- São mais espontâneos nos gestos e atitudes.

- São mais descontraídos na postura.

- Preferem a informalidade.

- São menos preconceituosos.

- Demonstram mais flexibilidade e criatividade.

- Trabalhar não é a prioridade principal da sua vida.

- Gostam de atividades mais divertidas (música, canto, dança, viagens).

- São mais imediatistas e apressados na formação profissional.

- Gostam de dinheiro, mas não se apegam tanto a ele.

- Mostram-se mais individualistas – cada um paga a sua conta.

- Não gostam de ser controlados.

- Aprenderam a ser autônomos e mais organizados, porque os pais em geral trabalhavam fora.

- Perderam a confiança na estabilidade dos relacionamentos.

- Sua lealdade é relativa, e depende da reciprocidade de tratamento.
- Dão menos importância à autoridade.
- Querem ter vida pessoal e profissional mais independente.
- Não querem se manter numa mesma empresa por longo tempo.
- São mais enturmados e gostam de trabalhar em equipe.
- São mais autoconfiantes, ousados e empreendedores.
- Gostam de desafios e oportunidades.
- Gostam tanto de dar como de receber *feedback* – gostam de ser ouvidos.
- Gostam de confrontar valores vigentes.
- Adaptam-se melhor às tecnologias.
- São menos apegados às ideologias.
- São mais despojados nas vestimentas.
- Tratam de questões íntimas/sexuais com mais naturalidade.

Como se vê, esta geração apresenta mais características próprias do que a anterior. Algumas das razões são mostradas adiante.

Geração Y (nascidos entre 1980 e 1990, aproximadamente)

São filhos em parte dos *baby boomers*, em parte da primeira metade da geração X. Cresceram em meio a muita evolução tecnológica e desenvolvimento econômico.

Algumas das características da geração Y permanecem nesta fase, mas possuem sua marca própria.

Vejamos:

- Mostram muita facilidade para captar as coisas e aprender.

- Aprendem de modo especial, para entender o funcionamento do mundo eletrônico sem precisar de manuais.

- Gostam mais de tarefas múltiplas do que a geração X.

- São mais agitados, inquietos, ansiosos.

- São um tanto impacientes com o excesso de controle e direção.

- Não gostam de tarefas subalternas.

- Amadurecem muito cedo.

- São menos preconceituosos; aceitam melhor a diversidade de raças, sexo e religião.

- São mais otimistas e autoconfiantes.

- Esperam coerência de seus líderes.

- Mostram mais espontaneidade na crítica e manifestação de desagrado.

- São mais mimados pelos pais, exageradamente permissivos.

- Não tiveram a iniciativa própria estimulada.

- No fundo, possuem menos experiência e precisam de mais apoio.

- Começam a desenvolver doenças relacionadas com o estresse mais cedo.

Então, leitor, se sua idade está dentro dos limites acima indicados, com qual geração você se identifica mais?

Entender essas diferenças de comportamento dos mais jovens pode ser um bom começo para pais, gerentes, educadores e líderes comunitários aprenderem a compreendê-los melhor e a lidar com eles de forma mais efetiva e competente. Pode ajudar muito no relacionamento com as pessoas dessas gerações.

Observações finais

- Importa esclarecer que pessoas nascidas na segunda metade dos anos 1960 podem apresentar características mais fortes de uma ou de outra das duas primeiras gerações, dependendo do ambiente familiar e social em que vivem.

- As "reengenharias" – racionalizações organizacionais provocadas pela evolução das tecnologias – provocaram grande dispensa de pessoal a partir da segunda metade da década de 1980, início da de 1990, o que coincidiu, no Brasil, com a prolongada crise econômica.

Como conseqüência dos dois acontecimentos, as empresas demitiram enorme quantidade de profissionais. Pior: na maioria dos casos, de maneira inábil, fria e impiedosa, muitas vezes demitindo pessoas na véspera de sua aposentadoria, ou entregando-lhes o "bilhete azul" na véspera de Natal ou Ano-Novo.

Esta é uma das razões pelas quais as gerações X e Y são mais independentes e menos leais com as organizações.

Na verdade, com as rápidas mudanças do mundo empresarial, elas próprias mudam seu interesse por estabilidade profissional. Sabe-se que nem no Japão, país onde era comum as pessoas passarem toda a vida na mesma empresa, existe mais tanta valorização da estabilidade de emprego.

Muitas novidades estão por acontecer no mundo dos negócios, nas organizações, nos mercados de trabalho. Estejamos de espírito preparado para assimilá-las e aprender a conviver com elas mais rapidamente.

13

A evolução: do capataz ao líder

O mundo é conhecido há alguns milhares de anos,
mas a evolução da liderança tem bem menos de cem anos.

Vejamos agora, já chegando ao final do livro, um lado pitoresco da evolução da liderança. Ou de como estamos chegando a um estágio mais desenvolvido desse importante papel social.

A demonstração a seguir se aplica a líderes que atuam em empresas; nas quais, vale esclarecer, tem havido maior empenho em aperfeiçoar a liderança. Até porque, além de bons resultados de produtividade e negócios, a sobrevivência das empresas depende cada vez mais de uma liderança competente.

Podemos, no entanto, fazer uma analogia com a evolução de pais e educadores – lembrando que em tempos passados não havia a figura do líder comunitário. As semelhanças existem inclusive nas formas mais primitivas de ser. Professores e pais de antigamente agiam, por assim dizer, mais ou menos como capatazes, feitores e encarregados.

Observaremos que, no caso de professores e pais, não há palavras diferentes para caracterizar os estágios anteriores e mais atrasados de evolução, como acontece com a função de gerente.

Notaremos que, quanto mais voltamos ao passado, mais os antecedentes da atuação de liderança se caracterizam principalmente por funções de *mando* e *comando*, sem a preocupação de agradar e motivar os subordinados – não é sem razão que as imagens mais conservadoras que se tem das figuras dos gerentes e chefes não são nada positivas.

Com o passar do tempo, foram surgindo formas evoluídas de liderança.

1 - Fases mais primitivas

Capataz - Feitor - Encarregado

Estas eram as expressões utilizadas com maior freqüência para as funções de comando mais direto no passado. Funções que, próprias de regimes autoritários e de organizações pouco evoluídas, estão desaparecendo.

Podemos observar nos filmes históricos como os oficiais comandados por reis, imperadores e príncipes praticavam formas duras e às vezes cruéis de direção e comando. Fortemente autocratas e rudes.

Sabemos que ainda existem resquícios disso em algumas partes mais remotas do mundo.

2 - Fase de evolução industrial e organizacional

Supervisor - Chefe - Coordenador - Gerente

Estas denominações têm predominado nos últimos quarenta anos, aproximadamente. Ainda carregam muito de autoritarismo, em organizações menos desenvolvidas. A expressão "chefe" é empregada de uma forma mais ampla e popular.

Nesse período, há registros de crescente aumento das iniciativas voltadas para melhorar a qualidade dessas funções nas empresas e em outras organizações da sociedade, mesmo mantendo estas formas de denominar as funções.

3 - Visão moderna

Líder gestor - Líder coach *- Líder mentor*

As chamadas organizações de ponta ou de vanguarda saem na frente ao adotar e desenvolver estas formas mais evoluídas de liderança (ver detalhes no capítulo 6).

Como podemos ver, as maneiras de liderar estão evoluindo a passos largos. A globalização, a competitividade, a evolução da democracia e a evolução social estão contribuindo para isso.

Mensagem final

*Cada pessoa deve trabalhar para o seu
aperfeiçoamento e, ao mesmo tempo,
participar da responsabilidade coletiva.*

MARIE CURIE
CIENTISTA DEDICADA À FÍSICA E À QUÍMICA

O exercício da liderança enobrece a vida

Acredito que a maioria das pessoas gostaria de ter uma vida mais significativa, com mais oportunidades de desenvolverem-se e de serem mais úteis à sociedade.

A prova disso é que, só no Brasil, mais de trinta milhões de pessoas trabalham como voluntários em organizações sociais e comunitárias, em assistência à saúde, educação, lazer. No mundo civilizado, esse número deve ser muitas vezes maior.

Nem sempre as pessoas percebem a razão pela qual buscam afazeres para colocar em prática competências que não usam em casa ou no trabalho – ou pararam de usá-las, no caso de aposentados convictos. A maioria delas, ao se aposentar, percebem a importância de permanecer em atividade a fim de continuar se realizando como pessoas, sendo úteis à família e a sociedade. Tem ficado bastante evidente que os aposentados que continuam na ativa, participando e contribuindo para algo, prolongam sua vida mais 10% ou 20%.

Segundo a principal teoria de motivação humana, como já vimos aqui, as pessoas tendem a querer desenvolver-se para realizarem-se mais, serem mais úteis, mais bem-sucedidas na vida. E este livro não economizou destaques no sentido de que, com isso, elas podem ser mais felizes também.

Os estudos e pesquisas não deixam dúvidas: as pessoas se sentem mais satisfeitas com aplicação de conhecimento e inteligência e com realização profissional do que com prazer material. Não se trata de diminuir a importância deste, mas de destacar, de enfatizar, de valorizar os prazeres do intelecto e do espírito.

O ser humano é um animal mais desenvolvido porque tem consciência, vontade, capacidade de aprender e realizar.

Síntese final

O exercício da liderança – seja formal, informal ou voluntário – nos proporciona muitas oportunidades de *tornar a vida mais importante, mais útil, mais significativa*. Mais feliz, enfim.

Além de tomar consciência disso, precisamos identificar as competências e as habilidades de liderança que já temos e o que devemos fazer para desenvolvê-las e para adquirir novas.

Este livro não poupou incentivos e informações a fim de contribuir para que seus leitores preferenciais – os pais, educadores, gerentes e líderes comunitários – saibam identificar, ampliar e aplicar suas competências de liderança.

E aqui vai uma derradeira sugestão. Quem ainda não se descobriu como líder, verifique ou confira se não possui algumas ou a maioria destas oito importantes competências e habilidades:

■ *Saber tomar iniciativa para resolver problemas.*

■ *Saber oferecer conselhos e sugestões.*

■ *Saber dar idéias de como organizar as coisas.*

■ *Saber apoiar, estimular e ser solidário.*

- *Saber ensinar algo.*
- *Saber tranqüilizar e confortar.*
- *Saber dar exemplos de ações a tomar.*
- *Saber passar experiência.*
- *Saber participar comunitariamente.*

Talvez seja uma boa idéia buscar circunstâncias para aplicá-las mais.

Vale a pena enfatizar que, quanto maior a freqüência e o número de pessoas com quem praticarmos ações positivas como estas, mais seremos líderes e mais contribuiremos para organizações melhores, assim como para uma sociedade mais sadia e desenvolvida, aumentando, assim, a satisfação de viver.

É isso aí.

Bibliografia

ANTUNES, Celso. *Casos, fábulas, anedotas ou inteligências, capacidades, competências*. Rio de Janeiro: Vozes, 2003.

BLANCK, Warren. *The 108 skills of natural born leaders*. Nova York: Amacon, 2001.

BOOG, Gustavo. *Faça a diferença!* São Paulo: Gente/Infinito, 2000.

_____. *O desafio da competência*. Rio de Janeiro: BestSeller, 2004.

BUFFA, Ester; ARROYO, Miguel; NOSELLA, Paolo. *Educação e cidadania*. São Paulo: Cortez, 1987.

DIVERSOS autores. *Empregabilidade e educação*. São Paulo: Educ, 1997.

DUBOIS, David D. *Competency-based performance improvement*. Amherst Road: HRD Press, 1993.

FLEURI, Reinaldo Matias. *Educar para quê?* Uberlândia: Editora da Universidade Federal de Uberlândia, 1986.

GIANNETTI, Eduardo. *Felicidade*. São Paulo: Companhia das Letras, 2002.

GOLDSMITH, Marshal; LYONS, Laurence; FREAS, Alyssa. *Coaching, o exercício da liderança*. Rio de Janeiro: Campus, 2003.

GOLEMAN, Daniel. *Inteligência emocional*. Rio de Janeiro: Objetiva, 1995.

HATAKEYAMA, Yoshio. *A revolução dos gerentes*. Belo Horizonte: Fundação Christiano Ottoni, 1995.

KATZENBACH, Jon R. *Os verdadeiros líderes da mudança*. Rio de Janeiro: Campus, 1996.

KILPATRICK, W. H. *Educação para uma civilização em mudança*. São Paulo: Melhoramentos, 1977.

LAGO, Samuel Ramos. *Conversas com quem gosta de aprender*. Paraná: Positivo, 2004.

MORAES, Antônio Ermírio. *Somos todos responsáveis*. São Paulo: Gente, 2007.

NELSON, Bob. *Faça o que tem de ser feito*. Rio de Janeiro: Sextante, 2003.

_____. *The 1001 rewards & recognition fieldbook*. Nova York: Workman Publishing, 2003.

NISKIER, Arnaldo. *Educação – Reflexão & crítica*. Rio de Janeiro: Bloch, 1983.

OLIVEIRA, Jayr Figueiredo; MARINHO, Robson M. *Liderança, uma questão de competência*. São Paulo: Saraiva, 2005.

POSNER, Kouzes. *O desafio da liderança*. Rio de Janeiro: Campus, 2002.

RESENDE, Enio. *Atenção, sr. diretor!* São Paulo: Summus, 1983.

_____. *Competência, sucesso, felicidade*. São Paulo: Summus, 2008a.

_____. *Compreendendo seu CHA: conheça o perfil de Competências, Habilidades e Aptidões de seu cargo ou profissão*. São Paulo: Summus, 2008b.

_____. *A força e o poder das competências*. Rio de Janeiro: Qualitymark, 2004.

_____. *O livro das competências*. Rio de Janeiro: Qualitymark, 2000.

_____. *O papel dos empresários no desenvolvimento do Brasil*. São Paulo: Summus, 2008c.

ROBBINS, Stephen P. *Comportamento organizacional*. São Paulo: Pearson Education do Brasil, 2005.

SOUZA, César. *Você é do tamanho dos seus sonhos*. São Paulo: Gente, 2006.

_____. *Você é o líder de sua vida*. Rio de Janeiro: Sextante, 2007.

SPENCER, Lyle M.; SPENCER, Signe M. *Competence at work*. Nova York: John Wiley & Sons, 1993.

TAVARES, Clóvis. *Por que é importante sonhar*. São Paulo: Gente, 1999.

TULGAN, Bruce. *Generation X*. Amherst Road: HRD Press, 1997.

_____. *Winning the talent wars*. Nova York: W. W. Norton & Company, 2001.

TULKU, Tarthang. *O caminho da habilidade*. São Paulo: Cultrix, 1978.

WERNECK, Hamilton. *Como vencer na vida sendo professor*. Rio de Janeiro: Vozes, 1998.

IMPRESSO NA

sumago gráfica editorial ltda
rua itauna, 789 vila maria
02111-031 são paulo sp
telefax 11 **6955 5636**
sumago@terra.com.br